C.H.BECK ■ WISSEN

in der Beck'schen Reihe

Johann Sebastian Bach (1685–1750) hat der Menschheit einen wahren Schatz an Musikwerken hinterlassen, zu denen die *Johannes-* und die *Matthäus-Passion*, die *Brandenburgischen Konzerte*, virtuose Orgelwerke, geistliche und weltliche Kantaten, das *Wohltemperierte Klavier*, die *Kunst der Fuge* und viele andere Kompositionen gehören, die heute in der ganzen Welt geschätzt werden. Fülle und Qualität seiner Musik sind so einzigartig, dass sie als Ertrag nur eines Menschenlebens fast unvorstellbar scheinen. Und doch widmete sich dieser Meister des Barock nicht nur seiner Berufslaufbahn, die ihn als Organist und Kapellmeister an mitteldeutsche Fürstenhöfe und schließlich als Kantor an die Thomasschule nach Leipzig führte, sondern auch einer vielköpfigen, musikalisch überaus reich begabten Familie. Wie sich Kunst, Kinder und – nicht zuletzt – Kirche im Leben eines der größten Musiker aller Zeiten zusammenfügten, hat Dorothea Schröder in der vorliegenden kleinen Biographie gleichermaßen kundig, informativ und unterhaltsam beschrieben.

Dorothea Schröder ist habilitierte Musikwissenschaftlerin und hat viele Jahre am Musikwissenschaftlichen Institut der Universität Hamburg gelehrt. Die Musik des Barock sowie Orgelmusik und Orgelbau bilden Schwerpunkte ihrer Forschung. Im Verlag C.H.Beck liegt von ihr in gleicher Ausstattung vor: *Georg Friedrich Händel* (2008).

Dorothea Schröder

JOHANN SEBASTIAN BACH

Verlag C.H.Beck

Mit 2 Abbildungen
(S. 7: akg-images / Erich Lessing; S. 73: bpk / SBB / Ruth Schacht)

Originalausgabe
© Verlag C.H.Beck oHG, München 2012
Satz: Fotosatz Amann, Aichstetten
Druck und Bindung: Druckerei C.H.Beck, Nördlingen
Umschlagentwurf: Uwe Göbel, München
Umschlagabbildung: Johann Sebastian Bach als
Köthener Hofkapellmeister, um 1720. Gemälde von
Johann Jakob Ihle. Bachhaus, Eisenach. akg-images
Printed in Germany
ISBN 978 3 406 62227 4

www.beck.de

Inhalt

Vorwort

Wer das Porträt einer historischen Persönlichkeit in Worten entwerfen möchte, studiert selbstverständlich die erhaltenen Porträtbilder. Eines davon, im Besitz des Bach-Hauses Eisenach, ziert den Umschlag dieses Buches: Um 1722 von Johann Jakob Ihle gemalt, zeigt es den auf die Vierzig zugehenden Johann Sebastian Bach als einen schon etwas fülligen, versonnen auf den Betrachter blickenden Herren. Das vorzügliche Ölbild gilt allerdings als «nicht vollständig gesichert». Nur ein Bach-Porträt, nämlich das Gemälde von Elias Gottlob Haußmann aus dem Jahr 1746, soll unzweifelhaft authentisch sein.

Tausendfach reproduziert, prägt es wie kein anderes Dokument das Bild, das wir uns vom Thomaskantor Bach machen: Dort tritt er uns als älterer Musikgelehrter gegenüber, mit strengem Gesichtsausdruck, da er wegen seiner Kurzsichtigkeit die Augenbrauen zusammenzieht. Haußmann gehörte freilich nicht zur ersten Riege seiner Zunft; Bachs Hand missglückte ihm völlig, und die schematisch gepinselte Perücke tut ein Übriges, um den Eindruck von Steifheit und Unnahbarkeit hervorzurufen. Entsprach Bach diesem Bild?

Natürlich sind wir froh, Haußmanns Gemälde überhaupt zu haben. Doch wie sähe unser Bach-Bild im Geiste aus, wenn uns ein besserer Maler ein ganz anderes Porträt des Komponisten hinterlassen hätte? Wenn er einen heiteren Bach gemalt hätte, wie er seine zweite Frau, die Sängerin Anna Magdalena, am Cembalo begleitet? Wäre dieser Bach noch der «fünfte Evangelist», wie der Theologe Nathan Söderblom ihn nannte? Zufälligkeit der Quellenüberlieferung und Streben nach posthumer Idealisierung eines Menschen sind im Fall von Haußmanns Bach-Bild eine ikonische, Generationen von Musikfreunden prägende Verbindung eingegangen. Um sich Bach unvoreingenommen anzunähern, sollte man die eigene Vorstellung einmal

Abb. 1: Porträt Johann Sebastian Bachs
von Elias Gottlob Haußmann (1695–1774),
Museum für Geschichte der Stadt Leipzig

vom Diktat eines Stücks bemalter Leinwand lösen – ein einziges Gemälde kann ohnehin nicht das ganze Leben des Dargestellten in sich fassen, es bleibt eine Momentaufnahme.

An einem ebenso berühmten schriftlichen Porträt kommt man jedoch nicht vorbei, weil es die Hauptquelle der gesamten Bach-Biographik darstellt: Carl Philipp Emanuel Bach und Johann Friedrich Agricola verfassten einen Nachruf auf Johann

Sebastian Bach, den sogenannten *Nekrolog*. In Lorenz Christoph Mizlers *Musicalischer Bibliothek* 1754 publiziert und von Carl Philipp Emanuel noch durch zwei Briefe ergänzt, stellt er den einzigen authentischen Lebensbericht Bachs dar – genauer gesagt: Bachs Leben, mit den Augen seines Sohnes gesehen, der eine auf das Werk bezogene Darstellung seines Vaters lieferte und sich dabei als hervorragender Hüter der familiären Privatsphäre erwies. Dem jungen Musikgelehrten Johann Nikolaus Forkel, der an einer Bach-Biographie arbeitete und ihn zum Wahrheitsgehalt einiger Anekdoten befragt hatte, beschied er kurz und bündig: «Man hat viele abentheuerliche Traditionen von ihm. Wenige davon mögen wahr seyn und gehören unter seine jugendliche Fechterstreiche. Der Seelige hat nie davon etwas wißen wollen, und also laßen Sie diese comischen Dinge weg.» Forkel respektierte diesen Wunsch. Was würde die Bach-Forschung dafür geben, wenn er wenigstens zwei oder drei der offensichtlich ja vorhandenen «Traditionen» publiziert hätte! Wir wüssten vielleicht etwas mehr über die Persönlichkeit hinter dem gewaltigen Œuvre. Denn obwohl sich unser Wissen über Bachs Musik in den vergangenen fünfzig Jahren enorm vermehrt hat und jedes seiner Werke jederzeit in Noten und auf Tonträgern verfügbar ist, bleibt der Mensch Bach uns fremd. Hätte er sich die Zeit genommen, um Johann Matthesons Wunsch nach einer Autobiographie für die *Grundlage einer Ehren-Pforte* (1740) zu erfüllen, müsste nicht jeder zweite oder dritte Satz in der Bach-Literatur Vokabeln wie «vermutlich» oder «möglicherweise» enthalten. Doch Bach reagierte nicht auf Matthesons Briefe; er hatte (vermutlich) zu viel zu tun oder hielt die Veröffentlichung seiner Lebensumstände für unnötig.

Niemand kann über die Distanz von drei Jahrhunderten hinweg die Frage beantworten, was für ein Mensch Bach war. Eine Biographie wird immer nur der Versuch einer Annäherung sein – nicht nur an einen genialen Künstler, sondern auch an eine Zeit, die uns in ihrer christlichen Glaubensgewissheit so fern steht. Dass jemand, der seine erste Frau und elf seiner Kinder verlor, nicht verzweifelte, sondern einige seiner heitersten Arien auf Texte wie «Ich freue mich auf meinen Tod» schrieb, macht ihn uns Heutigen nicht leichter zugänglich. Ohnehin lässt sich nur noch ein Bruchteil von allem erspüren, was Leben und Werk Bachs in seiner einzigartigen Komplexität ausmacht. Wir wissen heute von vielen seiner Kirchenkantaten auf den Tag genau, wann sie aufgeführt wurden, aber wir wissen nicht, welche davon Bach selbst als besonders gut gelungen erschien, ob er mit der Aufführung zufrieden war und ob ihm jemals einer der Gottesdienstbesucher für die Musik gedankt hat. Auf der anderen Seite lässt uns dieses Nichtwissen einen großen Freiraum, um hörend das grandiose Œuvre zu durchstreifen. Wer die ganze Bandbreite von Bachs schöpferischer Phantasie kennenlernen möchte, braucht nicht mit der *Matthäus-Passion* anzufangen – stattdessen bieten sich z. B. die weltlichen Festkantaten, die zauberhaften Orgel-Triosonaten, die Ouvertüren für Orchester oder die Suiten für Laute als Einstieg in seine Klangwelt an. Mittlerweile werden Bachs Werke von so vielen hervorragenden Interpreten so inspiriert gespielt, dass das Vorurteil, seine Musik sei langweilig, wohl endgültig verschwunden ist. Schon vor über 100 Jahren versuchte der Berliner Organist Otto Dienel, seine Zeitgenossen von der unvergänglichen Vitalität der Musik Bachs zu überzeugen. In seinem Buch *Die moderne Orgel* (1889) steht ein bemerkenswerter Satz, der die Bedeutung der Gegenwart für eine bereichernde Auseinandersetzung mit der Vergangenheit unterstreicht:

Bach will nicht ein verehrter Toter,
sondern ein zündend Lebendiger sein.

Dorothea Schröder

I. Kindheit in Eisenach:
1685–1695

Johann Sebastian Bach gehörte, wie Carl Philipp Emanuel Bach im *Nekrolog* hervorhob, «zu einem Geschlechte, welchem Liebe und Geschicklichkeit zur Musick, gleichsam als ein allgemeines Geschenck, für alle seine Mitglieder, von der Natur mitgetheilet zu seyn scheinen». In der Tat ist der Stammbaum der Familie Bach der imposanteste, den es in der Musikgeschichte Europas gibt: Er erstreckt sich über acht Generationen vom 16. Jahrhundert bis ins Jahr 1840, also über etwa 300 Jahre, mit sechsundachtzig gezählten Personen, von denen nur neun Nicht-Musiker waren. Dabei bleibt das Gesamtbild der Familie jedoch unvollständig, denn der offizielle Stammbaum nennt nur genealogisch und musikhistorisch wichtige Männer. Verwandte, die andere Berufe ergriffen, fehlen ebenso wie alle Frauen, so dass Heiratsverbindungen mit anderen Musikerfamilien nicht sichtbar werden. Als Rechtfertigung für diese Auslassungen kann nur die Tatsache gelten, dass eine vollständige Darstellung die üblichen Druckformate sprengen würde. Auch müsste ein kompletter Stammbaum bis in unsere Zeit reichen: Noch heute leben Nachkommen der Bach-Familie in Deutschland. Sie führen sich allerdings nicht auf Johann Sebastian, sondern auf seinen entfernten Vetter Johann Ludwig Bach (1677–1731) aus der Meininger Linie zurück.

Im Jahr 1685, dem Geburtsjahr von Johann Sebastian Bach, waren acht Mitglieder seiner Familie als Organisten, Kantoren oder Hofmusiker in der Region zwischen Eisenach, Erfurt und Meiningen tätig. Mit der neuen, ab etwa 1670 geborenen Generation verdoppelte sich die Zahl: Um 1705 lassen sich sechzehn Verwandte in Musikerberufen nachweisen, die über Thüringen hinaus auch in Braunschweig und Schweinfurt ansässig wurden. Drei von ihnen verschlug es sogar in die Niederlande und

nach Skandinavien. Dass sich Anzahl und Aktionsradius der
«Bache» ständig erweiterten, spricht nicht nur für das hohe Niveau der musikalischen Ausbildung im mitteldeutschen Raum
und das Funktionieren eines zunftmäßigen familiären Netzwerkes. Ohne günstige politische und wirtschaftliche Umstände
wäre der Bedarf an professionellen Musikern im Deutschen
Reich wesentlich geringer gewesen, doch da mittlerweile die
Folgen des Dreißigjährigen Krieges (1618–1648) überwunden
waren, konnten Landesherren, Stadträte und Kirchengemeinden wieder in repräsentative Kunst investieren. Gerade Thüringen erwies sich dank seiner Teilung in winzige Herrschaftsgebiete als Eldorado für Musiker und bildende Künstler: Hier
wetteiferten zweiundzwanzig Herrscherlinien um Prestige, das
nun nicht mehr erkämpft wurde, sondern zu einem großen Teil
auf kulturellen Leistungen beruhte. Zweiundzwanzig regierende Herren, die sich in ihrem Lebensstil an großen Höfen wie
Dresden oder Wien orientierten, waren zweiundzwanzig potenzielle Arbeitgeber für Scharen von Hofmusikern. In den Städten
legte man großen Wert auf eine qualifizierte Kirchenmusik, und
auch in vielen Landgemeinden konnte im Gottesdienst durch
die Mithilfe von Amateuren vortrefflich musiziert werden. Dass
Thüringen damit eine Sonderstellung einnahm, war schon den
Zeitgenossen Bachs bewusst. Mit berechtigtem Stolz auf die
Musikalität seiner Landsleute bemerkte z. B. August Boetius in
seiner *Merkwürdigen und auserlesenen Geschichte von der berühmten Landgraffschaft Thüringen* (1684), die Musik werde
überall «fleissig getrieben / Die Thüringer wissen was die Alten
gesagt [...] der hätte keine Proportion weder am Gemüthe noch
im Leibe / der nicht ein Liebhaber der Sing-Kunst were [...] Es
werden dieser Orten / weil auch die Bauren die Instrumente
verstehen / nicht allein allerhand Saitenspiele in *Violinen* und
Violonen / *Viol Di Gamben* / *Clavizimbeln* / *Spinetten* / *Zitrinchen* / auff Dörffern [...] verfertiget / sondern man findet auch
oft in geringen Kirchspielen Orgel-Werke mit so vielen Auszügen und Variationen / daß man sich darüber verwundern muß.
Insonderheit aber haben die *Lindemanni* / *Altenburg* / *Ahlen* /
Briegel / *Bachen* und andere / mit ihrem Componiren dieser

Provinz nicht einen geringen Nahmen wegen der Music gemacht.» *

Johann Sebastian Bachs Geburtsort Eisenach hatte den Wechsel von Landesherren und dynastischen Linien mehrfach erlebt:
Zunächst war der Ort von den Thüringer Landgrafen gefördert
worden, verlor jedoch seinen Rang, als die Wettiner (Vorfahren
der sächsischen Kurfürsten) im 13. Jahrhundert einen großen
Teil Thüringens übernahmen. Später sorgten wiederholte Erb-
teilungen allerdings dafür, dass die Stadt zwischen 1596 und
1741 als Zentrum des eigenständigen Herzogtums Sachsen-Eisenach neue Bedeutung erlangte. Um 1670 hatte sie etwa
7000 Einwohner. Noch heute zeigt sich das Stadtzentrum im
Wesentlichen so, wie man es schon vor 350 Jahren kannte: Mit
dem Rathaus, der Georgenkirche und dem Herzogsschloss prä-
sentiert sich städtische, kirchliche und landesherrliche Autorität am Marktplatz in unmittelbarer Nachbarschaft. Gleichzeitig
waren diese drei Bauwerke die Hauptstätten des Eisenacher
Musiklebens.

Am 12. Oktober 1671 trat Johann Ambrosius Bach (1645–
1695) in Eisenach den Dienst als Direktor der Ratsmusik und
Hofmusiker an. Er hatte sich bereits in Erfurt einen Namen gemacht und dort 1668 Maria Elisabeth Lämmerhirt, die Tochter
eines Pelzhändlers und Ratsherrn, geheiratet. Mit seiner jungen
Familie wäre er wohl in Erfurt geblieben, wenn der Eisenacher
Rat ihn nicht eingeladen hätte, sich um die Nachfolge eines verstorbenen Stadtpfeifers zu bewerben. Bei seinem Probespiel
machte Ambrosius einen so ausgezeichneten Eindruck, dass er
unter besseren Bedingungen als sein Vorgänger angestellt wurde. Seine Aufgabe bestand nun darin, zusammen mit drei Ge-
sellen und einem Lehrling zweimal täglich Choräle vom Rathausturm «abzublasen», d. h., auf *Zinken und Posaunen zu
spielen; an Sonn- und Feiertagen wirkte das Ensemble im Gottesdienst mit. Jeder Ratsmusiker beherrschte mehrere Instru-

---

Begriffe, die mit * gekennzeichnet sind, werden im Glossar (S. 123 f.) erläutert.
Werknummern (BWV) beziehen sich auf das Thematisch-Systematische Ver-
zeichnis der musikalischen Werke Johann Sebastian Bachs: Bach-Werke-Ver-
zeichnis, hg. v. W. Schmieder, 2. Aufl., Wiesbaden 1990.

mente, so dass die kleine Gruppe vielseitig einsetzbar war. Sie zeigte ihr Können auch bei weltlichen Feierlichkeiten, verstärkte gelegentlich die Hofkapelle und besaß das einträgliche Privileg, bei Hochzeiten in der Stadt und ihrer Umgebung aufzuspielen.

In Eisenach traf Ambrosius auf seinen Vetter Johann Christoph Bach (1642–1703), einen der bedeutendsten mitteldeutschen Komponisten seiner Generation, der seit 1665 als Organist an der Georgenkirche amtierte und gleichzeitig Hofcembalist war. Dass neben diesem Bach nun mit Ambrosius ein zweites, außerordentlich talentiertes Mitglied der Musikerfamilie in der Stadt tätig war, erkannte auch der Eisenacher Rat: Der neue Ratsmusikdirektor sei, so attestierten sie ihm, «in seiner *profeßion* dermaßen *qualificiret* [...] daß wir unß desgleichen, soweit wir gedencken, hiesigen Orths nicht erinnern». Doch obwohl Ambrosius Bach große Achtung genoss, reichte sein Gehalt kaum für die Versorgung seiner Familie aus. Im April 1684 beantragte er deshalb seine Verabschiedung, um nach Erfurt zurückkehren zu können. Da man in Eisenach aber keineswegs auf seine Dienste verzichten wollte, wurde ihm die Entlassung nicht genehmigt.

Schon lange weiß man, dass das «Bachhaus» am Frauenplan zwar im 18. Jahrhundert Mitgliedern der Familie Bach gehörte, jedoch nicht das Geburtshaus Johann Sebastian Bachs ist. Er kam am 21. März 1685 in einem Haus in der Fleischergasse (heute Lutherstraße) zur Welt, das sein Vater 1675 gekauft hatte. Dieses Gebäude, das auf dem Grundstück der heutigen Nr. 35 stand, ist nicht erhalten geblieben – wohl aber der Taufstein in der Georgenkirche, über dem der jüngste Sohn des Ratsmusikdirektors am 23. März 1685 getauft wurde. Seine Paten waren der Stadtmusiker Sebastian Nagel aus Gotha und der Forstbeamte Johann Georg Koch.

In den Jahren 1685 und 1686 starben zwei von Johann Sebastians Geschwistern. Johann Christoph, sein ältester Bruder, zog 1686 nach Erfurt, um bei dem berühmten Organisten Johann Pachelbel zu studieren. So wuchs Johann Sebastian nur mit seinen Brüdern Johann Balthasar (geb. 1673) und Johann Jacob (geb. 1682) und der Schwester Maria Salome (geb. 1677) zusammen auf. Im Bach-Haus wohnten jedoch noch andere Verwandte: Ambrosius hatte 1683 seinen verwaisten einjährigen Neffen Johann Nikolaus Bach zu sich genommen. Ein weiterer Neffe, Johann Jacob Bach (1668–1692), war 1682 zur Ausbildung als Stadtpfeifer ins Haus gekommen. Wie es im Handwerk üblich war, wurden die Lehrlinge im zünftig organisierten städtischen Musikwesen dieser Zeit gegen Geld bei ihrem Meister einquartiert, und das bedeutete, dass ständig ein oder zwei junge Instrumentalisten mit am Tisch saßen. Im weitesten Sinne umfasste die Familie um 1685 also neun oder zehn Personen – Erwachsene, Kinder und Lehrlinge. Musikalische Geschäftigkeit prägte den Alltag: Täglich wurden Proben, Lehr- und Übestunden in den Räumen des Ratsmusikdirektors abgehalten, der unterschiedlichste Aufgaben in Verbindung mit der Stadt, der Kirche und dem Hof zu bewältigen hatte – wobei die Kinder mithalfen, sobald sie Botengänge erledigen und schreiben konnten.

Wie Johann Sebastian Bachs Ausbildung begann, lässt sich nur vermuten. Wahrscheinlich erhielt er von seinem Vater Violinstunden und wurde von Johann Christoph Bach mit den Tasteninstrumenten vertraut gemacht. Zum Unterrichten von Kindern und zum Üben verwendete man zunächst einige Jahre lang das *Clavichord, denn der Unterricht an einer Kirchenorgel war und ist erst möglich, wenn der Schüler eine gewisse Größe und Muskelkraft erreicht hat. Das schließt freilich nicht aus, dass schon der fünf- oder sechsjährige Bach seinen Großonkel auf die Orgelempore begleitete und das Instrument kennenlernte, bevor er es selbst spielen durfte. Als Bach später eine Familienchronik zusammenstellte, nannte er Christoph einen «profonden Komponisten», und noch der *Nekrolog* hebt hervor, der Eisenacher Organist habe «niehmals mit weniger als fünf nothwendigen Stimmen gespielet». Diese Auskunft kann Carl Philipp Emanuel nur von seinem Vater erhalten haben. Man darf daraus folgern, dass der junge Johann Sebastian von der Orgelkunst seines Großonkels ungemein beeindruckt war und durch ihn auch in die Anfangsgründe der Komposition eingeführt wurde.

Da im Herzogtum Sachsen-Eisenach Grundschulpflicht für Fünf- bis Zwölfjährige herrschte, muss Bach von 1690 an eine «deutsche Schule» besucht haben. Bereits für das Jahr 1693 ist er als Schüler der Eisenacher Lateinschule eingetragen, wo er sich als äußerst begabt erwies, obwohl er während seiner gesamten Schulzeit wesentlich jünger war als der Klassendurchschnitt. Dass er häufig fehlte, deutet auf frühe Mitwirkung im Musikbetrieb seines Vaters hin, vielleicht auch auf Erkrankungen. Schon im Kindesalter hatte Bach nämlich ein Arbeitspensum zu absolvieren, das ihm einiges abverlangte: Wenn er, wie zu vermuten ist, auch dem Schülerchor der Lateinschule angehörte, sang er bei Gottesdiensten in den drei Stadtkirchen mit. Überdies wanderten die Chorknaben als *Kurrende zweimal wöchentlich singend durch die Straßen, um Spenden zu sammeln. Eines der damals benutzten Kantorenbücher mit Kompositionen von Meistern der Renaissancezeit ist erhalten geblieben. Es waren Werke mit vorbildlicher Satztechnik und Wortvertonung, die den Lateinschülern durch die Praxis im Singunterricht unter Leitung des Kantors Andreas Christian Dedekind und im kirchenmusikalischen Alltag vollkommen vertraut wurden.

Man kann darüber spekulieren, ob aus Johann Sebastian «nur» ein weiterer solider Organist und Kantor geworden wäre, wenn sein Lebensweg nicht schon früh eine entscheidende Wendung genommen hätte. Nachdem seine Mutter 1694 gestorben war, heiratete sein Vater wieder: Barbara Margaretha Bartholomaei, die in erster Ehe mit einem Vetter von Ambrosius Bach verheiratet gewesen war, brachte zwei Töchter aus ihrer zweiten Ehe mit dem Arnstädter Pastor Jakob Bartholomaei mit ins Haus. Doch bevor die neue Familie zusammenwachsen konnte, starb Ambrosius am 20. Februar 1695, nur knapp drei Monate nach seiner zweiten Eheschließung. Zu dieser Zeit hatte es bereits so viele Todesfälle in der Verwandtschaft gegeben, dass die nun zum dritten Mal verwitwete Barbara Margaretha erschüttert feststellte, Gott habe «das Bachische Musicalische Geschlecht binnen wenig Jahren vertrocknet». Zusammen mit Kantor Dedekind als Kurator regelte sie die Unterbringung ihrer Stiefkinder: Maria Salome ging zu den Lämmerhirts nach Erfurt, Johann Jacob und Johann Sebastian kamen bei ihrem ältesten Bruder unter. Das Pflegekind Nikolaus hatte die Familie anscheinend schon gleich nach dem Tod von Maria Elisabeth Bach verlassen. Barbara Margaretha erhielt noch bis zum Sommer 1695 das Gehalt ihres verstorbenen Mannes bzw. ein Gnadengeld. Dann verkaufte sie das Haus in der Fleischergasse und zog mit ihren Töchtern wieder nach Arnstadt. Ob sie noch lebte, als ihr Stiefsohn Johann Sebastian 1703 dort seine Anstellung als Organist antrat, ist nicht bekannt.

2. Lehrjahre in Ohrdruf und Lüneburg: 1695–1702

Im Frühjahr 1695 zogen Johann Sebastian und Johann Jacob zu ihrem Bruder Johann Christoph Bach, der 1690 – als Achtzehnjähriger – als Organist an die Michaeliskirche in Ohrdruf berufen worden war. Da er eine Ausbildung bei Johann Pachelbel genossen hatte, kam er nicht nur als Verwandter für die Aufnahme der beiden Waisenkinder in Frage, sondern auch als Lehrmeister. Überdies hatte Johann Christoph im Oktober 1694 eine Ohrdruferin, Dorothea Vonhoff, geheiratet, so dass Johann Sebastian und Johann Jacob in seinem Haus eine Ersatzmutter fanden. Ihr Bruder konnte mit seinem Einkommen allerdings noch keine größere Familie versorgen. Daher galt es wohl als ausgemacht, dass die Neuankömmlinge nur bleiben konnten, solange sie einen Freitisch erhielten, d. h., bei einer begüterten Familie zum Essen gehen durften. Diese Art der Unterstützung armer Schüler war um 1700 weitverbreitet, kam jedoch nur den Besten unter den Bedürftigen zugute. Vielleicht war dies ein Ansporn für Johann Sebastian, auf dem Ohrdrufer Lyceum hervorragende Leistungen zu zeigen. Auf jeden Fall hatte er das Glück, nun etwa fünf Jahre lang eine modern ausgerichtete Schule besuchen zu können.

Um 1700 hatte Ohrdruf nur 2500 Einwohner, war aber durch Erzvorkommen zu Wohlstand gelangt und zählte als Sitz der Grafen von Gleichen zu den kleinen Residenzstädten Thüringens. Sein Lyceum besaß einen so guten Ruf, dass es auch Schüler aus entfernteren Orten anzog. Doch gerade als die Bach-Brüder nach Ohrdruf kamen, war das Institut durch Streitigkeiten zwischen dem Kantor Johann Heinrich Arnold und mehreren aufeinanderfolgenden Rektoren in eine Krise geraten. Mit dem Amtsantritt des Rektors Johann Christoph Kiesewetter im Jahr 1696 verbesserten sich die Verhältnisse wieder; er sorgte dafür, dass Arnold entlassen wurde. An dessen Stelle trat 1698 Elias Herda, ein Absolvent der Lüneburger Michaelisschule sowie der theologischen Fakultät der Universität Jena. Wahrscheinlich war er es, der Bachs lebenslanges, tiefgehendes Interesse an den biblischen Schriften und ihrer Deutung anregte. Johann Jacob war unterdessen wieder nach Eisenach gegangen, um dort eine Stadtpfeiferlehre zu beginnen. Ganz ohne gleichaltrige Verwandte blieb Johann Sebastian nicht zurück, denn sein Vetter Johann Ernst Bach (1683–1739) aus Arnstadt wuchs nach dem Tod des Vaters ebenfalls bei Familienangehörigen in Ohrdruf auf und ging mit Sebastian zusammen zur Schule.

Auf dem Stundenplan des Lyceums standen vier bis fünf Stunden Musik pro Woche, außerdem Latein, Religion, Geographie, Geschichte, Arithmetik und Naturwissenschaften. Obwohl er vier Jahre jünger als seine Mitschüler war, schloss Johann Sebastian 1696 die Tertia als Klassenbester ab und wurde schon mit 14 Jahren in die Prima versetzt. Außerhalb der Schulstunden sang er, wie schon in Eisenach, im Kurrende-Chor mit, um einen kleinen Beitrag zu Johann Christophs Haushaltungskosten leisten zu können. Schließlich beherbergte sein Bruder ihn nicht nur, sondern erteilte ihm auch Unterricht. Wie Johann Sebastians spätere Karriere beweist, war Johann Christoph ein sehr guter Lehrer, doch in der Musikliteratur hängt ihm der Ruf an, den Wissensdrang des Jüngeren aus Engstirnigkeit behindert zu haben. Schuld daran ist Carl Philipp Emanuel, der seinen Onkel in einer Begebenheit aus Sebastians Kindheit im

Nekrolog nicht gut wegkommen lässt, um die selbstbestimmten Bildungsanstrengungen seines Vaters stärker herauszustellen. Derartige Geschichten von frühem, alle Hindernisse überwindendem Feuereifer für die Kunst gehören zu den Topoi der klassischen Genie-Biographik; in Bachs Fall ist dies die «Mondschein-Anekdote»:

«Die Lust unseres kleinen Johann Sebastians zur Musik, war schon in diesem zarten Alter ungemein. In kurtzer Zeit hatte er alle Stücke, die ihm sein Bruder freywillig zum Lernen aufgegeben hatte, völlig in die Faust gebracht. Ein Buch voll Clavierstücke, von den damaligen berühmten Meistern, Frobergern, Kerlen, Pachelbeln aber, welches sein Bruder besaß, wurde ihm, alles Bittens ohngeachtet, wer weis aus was für Ursachen, versaget. Sein Eifer immer weiter zu kommen, gab ihm also folgenden unschuldigen Betrug ein. Das Buch lag in einem blos mit Gitterthüren verschlossenen Schrancke. Er holte es also, weil er mit seinen kleinen Händen durch das Gitter langen, und das nur in Pappier geheftete Buch im Schrancke zusammen rollen konnte, auf diese Art, des Nachts, wenn iedermann zu Bette war, heraus, und schrieb es, weil er auch nicht einmal eines Lichtes mächtig war, bey Mondenschein ab. Nach sechs Monaten, war diese musikalische Beute glücklich in seinen Händen. Er suchte sie sich, insgeheim mit ausnehmender Begierde, zu Nutzen zu machen, als, zu seinem größten Herzeleide, sein Bruder dessen inne wurde, und ihm seine mit so vieler Mühe verfertigte Abschrift, ohne Barmherzigkeit, wegnahm [...] Er bekam das Buch nicht eher als nach seines Bruders Absterben wieder.»

Ein Klavierpädagoge wie Carl Philipp Emanuel wusste selbstverständlich, warum Johann Christoph das Manuskript konfisziert hatte: Er wird bei der Ausbildung ein System verfolgt haben, in dem Schwieriges nicht zu früh vorgesehen war, auf keinen Fall vor der völligen Beherrschung grundlegender Spieltechniken. Und wenn er über das nächtliche Kopieren verärgert war, weil er vermuten musste, Johann Sebastian habe dabei heimlich eine Kerze angezündet, kann man ihm das angesichts der allgegenwärtigen Brandgefahr schwerlich übel nehmen.

Mag es auch Verstimmungen zwischen Johann Christoph und dem heranwachsenden Johann Sebastian gegeben haben, so kann man doch insgesamt von einem sehr guten Verhältnis zwischen den Brüdern ausgehen: Johann Sebastian widmete Johann Christoph das *Capriccio E-Dur* BWV 993, eines seiner frühesten erhaltenen Klavierwerke; Johann Christoph legte zwei der bedeutendsten Sammlungen von früher Klaviermusik seines Bruders an und stand lebenslang mit ihm in Verbindung. Eine enge Beziehung scheint auch zwischen Johann Sebastian und seiner Ziehmutter Dorothea bestanden zu haben, sonst hätte er sie 1708 wahrscheinlich nicht gebeten, Taufpatin seines ersten Kindes – der Tochter Catharina Dorothea – zu werden. Im Februar 1713 kam Johann Sebastians nach dem Bruder getaufter Sohn Johann Christoph zur Welt, starb aber bald darauf, ebenso wie Johann Christophs im September 1713 geborener Sohn Johann Sebastian. Einem der fünf überlebenden Söhne Johann Christophs, Johann Bernhard (1700–1743), gab Sebastian zwischen 1715 und 1719 in Weimar und Köthen Unterricht. Sein Neffe entwickelte beachtliches Talent, so dass mindestens eine seiner Kompositionen lange Zeit als Sebastians Werk galt (*Präludium c-Moll* BWV 919).

Schon in Ohrdruf konnte Johann Sebastian sich einen großen Teil jenes Fachwissens über Orgeln aneignen, das ihn später zu einem gesuchten Gutachter auf diesem Feld machen sollte. Die Gelegenheit dazu ergab sich, weil in der Michaeliskirche seit vielen Jahren ein Orgelneubau im Gang war; außerdem betrieb der exzellente Orgelbauer Georg Christoph Sterzing (1660–1717) seine Werkstatt bis 1697 in Ohrdruf. Dann zog er nach Eisenach, um dort in der Georgenkirche für Johann Sebastians Großonkel Johann Christoph das größte Orgelbauprojekt Thüringens in Angriff zu nehmen – eine Orgel mit 58 *Registern auf vier *Manualen und *Pedal, die 1707 eingeweiht wurde. Johann Christoph starb 1703; zu seinem Nachfolger wurde sein Großneffe Johann Bernhard Bach (1676–1749) ernannt. Es wäre verwunderlich, wenn Johann Sebastian am Entstehen der Eisenacher Orgel nicht Anteil genommen hätte, zumal sich der Bau über zehn Jahre erstreckte. Nachweislich stand er noch bis in die 1730er Jahre mit Meister Sterzing und dessen Sohn in Verbindung.

Nach fünf Jahren verließ Johann Sebastian Ohrdruf, weil ihm der Freitisch nicht länger gewährt wurde und Johann Christophs wachsende Familie mehr Platz brauchte. Es war vermutlich Kantor Herda zu verdanken, dass die nächste Station für ihn Lüneburg hieß: Zusammen mit seinem Schulkameraden Georg Erdmann reiste er im März 1700 in die Hansestadt, wo er das Gymnasium am ehemaligen Michaeliskloster besuchen sollte. Unter der Bedingung, im «Mettenchor» mitzusingen, erhielt er ein Stipendium für musikalisch begabte, aber arme Schüler. Als Gegenleistung für Quartier, Mahlzeiten, Unterricht und eine Beteiligung an den Einkünften des Mettenchores wirkten diese Freischüler bei der Kirchenmusik sowie bei Hochzeiten und Begräbnissen mit. «Wegen seiner ungemein schönen Sopranstimme» sei Bach, wie es im *Nekrolog* heißt, «wohl aufgenommen» worden, jedoch schon bald in den Stimmbruch gekommen. Ob er danach als Bassist weiter im Chor sang, ob er sich als Violinist oder als *Continuo-Spieler unentbehrlich machte, lässt sich nicht mehr feststellen. Auf jeden Fall muss sein Talent die Schulvorsteher dazu bewogen haben, ihm nach dem Verlust seiner Sopranstimme nicht das Stipendium zu streichen, sondern den Schulbesuch bis zum Abschluss zu ermöglichen. Darüber hinaus erlaubten sie ihm, Reisen nach Hamburg zu unternehmen, um dort den «damals berühmten Organisten an der Catharinenkirche Johann Adam Reinken zu hören». Wie immens begabt er war, konnte Bach bei seiner Ankunft in Lüneburg mit einigen bereits in Ohrdruf komponierten *Orgelchorälen unter Beweis stellen. Erst 1984 wurden sie in einer späteren Abschrift, der sogenannten «Neumeister-Sammlung» (BWV 957, 1090–1095, 1097–1120), in den USA entdeckt. Noch ganz dem traditionellen Stil Pachelbels verpflichtet, bilden sie den frühesten erhaltenen Werkkomplex in Bachs Œuvre.

Lüneburg hatte einem jungen Musiker viel zu bieten: Die Musikbibliothek der Michaelisschule besaß mehr als 1000 Musikhandschriften und Druckausgaben mit insgesamt etwa 10 000 Einzelwerken internationaler Provenienz. Große Meister des 16. und 17. Jahrhunderts wie Orlando di Lasso, Claudio

Monteverdi, Heinrich Schütz und Dieterich Buxtehude waren
bestens vertreten; ständig kamen neue Kompositionen dazu,
weil jeder Kantor dazu verpflichtet war, die Sammlung zu
vermehren. Während Bach anhand dieses Bestandes vor allem
ältere und neue Vokalmusik studieren konnte, vermittelte ihm
Georg Böhm (1661–1733), der Organist der Johanniskirche,
entscheidende Impulse für die Weiterentwicklung seiner Orgel-
kompositionen. In der Nähe von Ohrdruf geboren, hatte Böhm
das Gymnasium in Gotha besucht und in Jena studiert. Um
1690 zog er nach Hamburg, wo er vermutlich am Opernhaus
tätig war. Obwohl er in dieser Zeit nicht als Organist nachweis-
bar ist, war sein Spiel so ausgezeichnet, dass er 1698 zum Organisten der Lüneburger Hauptkirche gewählt wurde und dort
seine Lebensstellung fand.

Dass Böhms Kompositionen für Bach Modellcharakter besa-
ßen, ist offensichtlich, wenn man z. B. Böhms *Choralpartita
Ach wie nichtig, ach wie flüchtig mit Bachs Partita über den
Choral *Ach was soll ich Sünder machen* BWV 770 vergleicht.
Dass Bach ein regulärer Schüler des Lüneburger Hauptorganis-
ten war, ließ sich erst nachweisen, als 2006 in Weimar zwei von
Bach geschriebene *Tabulaturen entdeckt wurden. Sie überlie-
fern zwei ausgedehnte, spieltechnisch höchst anspruchsvolle
*Choralfantasien – *An Wasserflüssen Babylon* von Johann
Adam Reincken und (fragmentarisch) *Nun freut euch, lieben
Christen g'mein* BuxWV 210 von Dieterich Buxtehude. Während Bach die Buxtehude-Fantasie wohl noch in Ohrdruf kopierte, signierte er Reinckens Werk mit den Worten «â Dom.
Georg: Böhme descriptum anno 1700 Lunaburgi» («bei Herrn
Georg Böhm abgeschrieben im Jahr 1700 in Lüneburg»). Da sogar das verwendete Papier aus Böhms Beständen stammt, darf
man nun sicher sein, dass Bach tatsächlich Orgel- und Kompositionsunterricht bei Böhm nahm und bereits als Fünfzehnjähriger
eine erstaunliche Spieltechnik besaß. Böhm stammte aus derselben mitteldeutschen Musiktradition wie Bach, entwickelte jedoch einen ganz eigenen Stil. Er übernahm Elemente des «stylus
phantasticus», den besonders die älteren norddeutschen Orgelmeister wie Mathias Weckmann (1618/19–1674) oder Dieterich

Buxtehude (1637–1707) in ihren Präludien und *Toccaten pflegten: Dieser quasi-improvisatorische Stil ist nach der Definition von Johann Mattheson (1739) «die allerfreieste und ungebundenste Setz-, Sing- und Spiel-Art, die man nur erdencken kann, da man bald auf diese, bald auf jene Einfälle geräth, da man sich weder an Worte noch Melodie, obwol an Harmonie, bindet [...]; da allerhand sonst ungewöhnliche Gänge, versteckte Zierrathen, sinnreiche Drehungen und Verbrämungen hervorgebracht werden, ohne eigentliche Beobachtung des Tacts und Tons.» Eher untypisch für einen Organisten seiner Zeit war dagegen Böhms Vertrautheit mit dem Repertoire der Hamburger Oper: In seinen Kompositionen – auch in den Orgelwerken – lässt sich ein starker Einfluss der «Sing-Spiele» nachweisen, z. B. eine Vorliebe für arios gestaltete Oberstimmen. Zusammengenommen ergab dies einen modernen, von Erfindungsreichtum geprägten Stil, der in Bachs frühen Werken noch lange nachwirkte.

Bei der Weiterentwicklung seines Orgelspiels traf Bach jedoch auf ein Hindernis: Verglichen mit den Instrumenten, die er aus Thüringen kannte, waren die Lüneburger Orgeln von altertümlichem Zuschnitt. In der Michaeliskirche stand um 1700 «ein überauß altes Werck, woran fast nichts zu finden, das noch etwas taugt» – so das Gutachten des Hamburger Orgelbauers Arp Schnitger (1648–1719). Sein Neubaukonzept von 1683, das ein Instrument mit 51 Registern vorsah, wurde nicht ausgeführt. Falls Bach von dem Entwurf wusste, dürfte ihn dies nur in seinem Wunsch bestärkt haben, nach Hamburg zu reisen und dort die großen Orgeln der vier Hauptkirchen zu besichtigen. St. Nicolai und St. Jacobi besaßen viermanualige Schnitger-Orgeln; in St. Katharinen spielte Johann Adam Reincken (1643–1722) an einem älteren, ebenfalls viermanualigen Instrument, und in St. Petri war Reinckens Meisterschüler Andreas Kneller als Organist tätig. Man darf davon ausgehen, dass Bach diese vier Kirchen aufgesucht hat, obwohl im *Nekrolog* nur von Reincken als «Reiseziel» die Rede ist. Zweifellos war der Katharinen-Organist für Bach eine bedeutende Persönlichkeit, da er die ruhmreiche Tradition der hamburgischen Orgelkunst fortführte und neben Buxtehude in Lübeck als Hauptmeister des «stylus phantasticus» galt.

Von Hamburg aus hätte Bach auch bequem nach Stade gelangen können, um dort mit Vincent Lübeck (1654–1740) einen jüngeren Vertreter der norddeutschen Orgelschule zu hören. Zumindest kannte er Kompositionen Lübecks, deren charakteristische Merkmale (z. B. gewisse spieltechnische Anforderungen) er zum Teil in seinen eigenen frühen Orgel- und Cembalowerken aufgriff. Eine ganz andere Welt lernte er dagegen in der Residenzstadt Celle kennen, wo das Hofleben unter Herzog Georg Wilhelm von Braunschweig-Lüneburg und seiner Gemahlin Eleonore d'Olbreuse gänzlich französisch geprägt war. Obwohl um 1700 die meisten deutschen Fürsten den Prunk von Versailles nachzuahmen bemüht waren, galt doch Italien als Maß aller Dinge, was die Musik und vor allem die an vielen Höfen gepflegte Oper betraf. Nicht so in Celle – dort unterhielt das Fürstenpaar eine überwiegend mit Franzosen besetzte Kapelle, was, wie der *Nekrolog* betont, «in dasigen Landen, zu der Zeit was ganz Neues war». Kompositionen aus Frankreich oder im französischen Stil kursierten durchaus in Norddeutschland, aber die Ausführung mit genuinem Esprit lernte man nur durch Hörerfahrung. Es dürfte Bach auch gereizt haben, die prächtige Orgel der Celler Stadtkirche auszuprobieren. Dass er die Handschrift einer Cembalosonate des dort tätigen Organisten Arnold Melchior Brunckhorst (1670–1725) besaß, spricht für einen persönlichen Kontakt.

Im April 1702 endete Bachs Schulzeit. Der Siebzehnjährige hatte eine hervorragende Bildung erworben, übertraf als Organist bereits viele ältere Kollegen, kannte sich in der nord- und mitteldeutschen Musikwelt gut aus und besaß als Komponist schon ein eigenes Profil. Nun war er auf sich gestellt und musste eine Anstellung finden. Da er wusste, wie hilfreich das Bach-Familiennetzwerk für ihn in dieser Situation sein würde, kehrte er nach Thüringen zurück – vermutlich zunächst nach Ohrdruf, wo sein Bruder mittlerweile nicht nur als Organist, sondern auch als Lehrer am Lyceum tätig war und nun in wesentlich besseren Umständen lebte als noch zwei Jahre zuvor.

3. Am Beginn der Berufslaufbahn: Weimar und Arnstadt 1702–1707

Die erste Bewerbung führte Johann Sebastian Bach nach Sangerhausen, wo man im Sommer 1702 einen Organisten für die Jacobikirche suchte. Bachs Probespiel war derart beeindruckend, dass der Stadtrat einstimmig für ihn votierte. Er konnte den Dienst jedoch nicht antreten, weil der Landesherr, Herzog Johann Georg von Sachsen-Weißenfels, Einspruch erhob und im November 1702 die Berufung eines Musikers aus seiner Hofkapelle durchsetzte. Dringend auf ein eigenes Einkommen angewiesen, muss sich Bach daraufhin nach Arbeitsmöglichkeiten an den thüringischen Fürstenhöfen umgehört haben. Noch vor Weihnachten 1702 trat er als Hofmusiker und Lakai in den Dienst des Herzogs Johann Ernst von Sachsen-Weimar (1664–1707). Es war an kleineren Höfen nichts Ungewöhnliches, sondern schlicht ökonomische Notwendigkeit, wenn Musiker auch andere Aufgaben erfüllten und deswegen als Diener bezeichnet wurden. Worin Bachs Tätigkeit bestand, ist jedoch nicht genau bekannt; wahrscheinlich assistierte er dem Hoforganisten Johann Effler. Obwohl sein erster Aufenthalt in Weimar nur einige Monate dauerte, brachte ihm die Begegnung mit einem der berühmtesten Violinvirtuosen des späten 17. Jahrhunderts vermutlich großen Nutzen: Von Johann Paul von Westhoff (1656–1705), der sich nach einer internationalen Karriere 1699 in Weimar niedergelassen hatte, wird er wertvolle Anregungen für seine eigenen Sonaten und Partiten für Solo-Violine (BWV 1001–1006, 1720) erhalten haben.

In Arnstadt, eine Tagereise von Weimar entfernt, führte unterdessen der Orgelbauer Johann Friedrich Wender die letzten Arbeiten an der großen, 1699 begonnenen Orgel der Neuen Kirche durch. Da Wender gleichzeitig auch in Mühlhausen beschäftigt war, dauerte es vier Jahre, bis sie im Sommer 1703 ge-

prüft und eingeweiht werden sollte. Johann Sebastian dürfte
über den Verlauf des Orgelbaus bestens informiert gewesen
sein, denn Arnstadt war eine der Hauptwirkungsstätten der
Bach-Familie. Dort hatten sein Großvater Christoph und dessen
Bruder Heinrich im 17. Jahrhundert das Musikleben geprägt,
und Johann Christoph, der Zwillingsbruder seines Vaters (nicht
zu verwechseln mit dem gleichnamigen Eisenacher Organisten),
war über zwanzig Jahre lang als Hof- und Stadtmusicus in Arnstadt ansässig gewesen. Um 1703 amtierte mit Christoph Herthum ein Schwiegersohn Heinrich Bachs als Organist an der
Oberkirche. Auch der damalige Bürgermeister Martin Feldhaus
(1634–1720), der den Orgelbau in der Neuen Kirche beaufsichtigte, war mit den Bachs verschwägert. Als die Orgelabnahme
geplant wurde, sorgte er dafür, dass Johann Sebastian als zweiter Prüfer neben Christoph Herthum eingeladen wurde. Man
behandelte den Achtzehnjährigen bereits als Meister seines Fa-
ches: Für die Reise stand ihm eine Kutsche zur Verfügung; er
erhielt Tagegeld, Prüfungshonorar und ein zusätzliches «Re-
compens» für das Einweihungskonzert, das Anfang Juli 1703
stattfand. Dabei ging es um mehr als nur die Vorführung einer
wohlgelungenen Orgel – die Gemeinde brauchte schließlich einen Organisten für ihr neues Instrument. Wie schon in Sangerhausen überzeugte Bach auch in Arnstadt alle Zuhörer von seinem exzeptionellen Können, dieses Mal mit ungetrübtem Erfolg: Am 14. August 1703 erhielt er die Bestallungsurkunde als
Organist der Neuen Kirche.
　　Arnstadt, das um 1700 etwa 3500 Einwohner zählte, gehörte
zu den Residenzstädten des Grafen- bzw. Fürstenhauses
Schwarzburg. Von Schloss Neideck aus herrschte Graf (später
Fürst) Anton Günther II. von Schwarzburg-Sondershausen-
Arnstadt seit einer Landesteilung im Jahr 1681 über ein Gebiet,
das aus der Stadt und drei entlegenen «Ämtern» bestand, die
zusammengerechnet nur wenig größer waren als eine heutige
Samtgemeinde. Verehelicht mit einer Tochter des großen Kunst-
mäzens Anton Ulrich von Braunschweig-Wolfenbüttel, tat Anton Günther dennoch sein Möglichstes, um Arnstadt in ein Zentrum höfischer Kultur zu verwandeln. Da er kinderlos starb, fiel

das Kleinstfürstentum jedoch 1716 seinem Bruder zu und verlor damit die Eigenständigkeit.

Als kirchlicher Oberherr kontrollierte Anton Günther II. das gräfliche *Konsistorium, das wiederum in Gemeinschaft mit dem Stadtrat für die Kirchenangelegenheiten zuständig war und auch den Organisten Bach beaufsichtigte. Dessen Dienstort, die Neue Kirche, war zwar die größte, nicht aber die bedeutendste Kirche der Stadt. Die Funktion der Hauptkirche kam nämlich der Oberkirche zu, während die Liebfrauen- oder Unterkirche als Grablege des Grafenhauses mit der Landesherrschaft verbunden war. Ein drittes Gotteshaus, die Bonifatiuskirche, war 1581 abgebrannt und konnte erst hundert Jahre später ersetzt werden – durch die Neue Kirche, in der um 1700 vier Gottesdienste pro Woche stattfanden. Bach erhielt für seine Organistentätigkeit ein Jahresgehalt von 50 Gulden (etwa das Doppelte seines vorigen Gehalts in Weimar) und war damit besser gestellt als Christoph Herthum an der Oberkirche, der 57 Gulden jährlich verdiente, aber auch mehr Gottesdienste zu begleiten hatte. Hochzeiten und Trauerfeiern wurden generell extra nach unterschiedlichen Gebührenklassen berechnet; diese sogenannten Kasualien, vielleicht auch die gelegentliche Beteiligung an Auftritten der Hofkapelle sowie Unterrichtshonorare trugen zusätzlich zum Jahresverdienst bei.

Bach bezog in Arnstadt kein Organistenhaus, sondern erhielt ein jährliches Entgelt von 34 Gulden für «Kost und Wohnung». Höchstwahrscheinlich wohnte er zur Miete im «Haus zur Goldenen Krone» oder dem angrenzenden «Steinhaus» (Ecke Ledermarkt/Holzmarkt), die beide seinem Förderer Martin Feldhaus gehörten. Drei weitere Familienmitglieder ließen sich, aus Gehren kommend, um diese Zeit ebenfalls in der Stadt nieder: Die noch unverheirateten Schwestern Friedelena Margaretha, Barbara Catharina und Maria Barbara Bach, deren Vater Johann Michael Bach schon 1694 gestorben war, zogen nach dem Tod ihrer Mutter zu ihren in Arnstadt ansässigen Verwandten. Maria Barbara fand Aufnahme bei ihrem Patenonkel und Vormund – keinem anderen als Bürgermeister Feldhaus, der nun dazu verpflichtet war, eine gute Ehe für sie anzubahnen. Dass sich mit Johann Sebastian ein Kandidat im passenden Alter und mit besten Zukunftsaussichten unter demselben Dach aufhielt, kann der jungen Frau nicht lange verborgen geblieben sein. Beide waren nur über einen Urgroßvater miteinander blutsverwandt, daher stellte die Herkunft aus derselben Familie keinen Hinderungsgrund für eine Heirat dar.

Viele Jahrzehnte später kursierten etliche Anekdoten, die davon handelten, dass der junge Organist der Neuen Kirche alles andere als ein Stubenhocker gewesen war. Carl Philipp Emanuel gelang es, eine Veröffentlichung dieser Geschichten zu verhindern, doch gegen die Archivierungsvorschriften von Kirchenämtern war er machtlos. Wahrscheinlich wusste er gar nicht, dass das Arnstädter Konsistorium eine dieser Begebenheiten akkurat zu Protokoll genommen hatte und damit ein eklatantes Beispiel für Bachs leicht aufbrausendes Temperament und seinen ausgeprägten Stolz überlieferte. Dahinter stand nicht nur die frühe Gewöhnung eines Waisenkindes an Eigenverantwortlichkeit, sondern auch das Bewusstsein, Angehöriger einer Musikerelite zu sein, deren Tradition weiter zurückreichte als der Stammbaum manches Aristokraten. Das Ergebnis war kein Künstlerdünkel, wohl aber ein Qualitätsanspruch, der gering begabte Musiker überforderte, sowie ein außerordentliches Beharrungsvermögen gegenüber Vorgesetzten. In Auseinandersetzungen mit der «Obrigkeit» konnte sich Bachs Selbstbewusstsein – wie spätere Vorfälle zeigen sollten – zur Starrköpfigkeit verhärten.

Geschehen war Folgendes: Bei Musikaufführungen in den Arnstädter Kirchen wirkten oft Schüler der oberen Gymnasialklassen mit. Einige von ihnen saßen zechend am Abend des 4. August 1705 auf dem Marktplatz, als Bach und seine Cousine Barbara Catharina dort vorbeikamen. Am nächsten Morgen brachte Bach vor dem Konsistorium zur Anzeige, der Schüler Geyersbach, ein Fagottist, sei «mit einem Brügel» auf ihn losgegangen und habe ihn «wie ein Hunds[fott]» derart bedroht, dass er – Bach – sich mit seinem Degen hätte zur Wehr setzen wollen. Die anderen Schüler seien jedoch dazwischengegangen. Er hätte Geyersbach gesagt, dass er sich nicht mit ihm schlagen wolle, da er das für keine Ehre halte. Von Geyersbach hörte das Konsistorium, Bach habe schon vorher sein Fagott beleidigt (wie auch immer) und ihn einen «Zippelfagottisten» genannt, was offenbar eine Beschimpfung schlimmster Art war. Wer die Schlägerei angefangen hatte, ließ sich nicht feststellen, weil Geyersbachs Kommilitonen dazu keine eindeutigen Aussagen machten. Man musste also Barbara Catharina vernehmen, die Johann Sebastians Version bestätigte. Dass eine Frau als vollgültige Zeugin anerkannt wurde, wirft ein günstiges Licht auf die Kirchenbehörde, ebenso die milde Beurteilung des Falles: Nachdem Geyersbach halbwegs gestanden hatte, «zuerst loßgeschlagen» zu haben, ermahnte man ihn, solche Auseinandersetzungen nicht «auf öffentlicher Straße» auszutragen. Dem Organisten wurde ans Herz gelegt, fernerhin im Umgang mit den Gymnasiasten auf Schimpfwörter zu verzichten. Außerdem sollte er sich nicht weigern, neben seinem Orgelspiel auch «musikalische Stücke» (d. h. Kantaten) aufzuführen. Auf Bachs Einwand, er brauche dafür einen «Director musices», also eine Art Konzertmeister, gab das Konsistorium den salomonischen Bescheid, «man lebe mit *imperfectis* [Ungenügenden] und müste er sich mit denen Schühlern vergleichen, auch eines dem anderen das Leben nicht sauer machen».

Seit die Protokolle bekannt sind, rätseln Bach-Forscher über die Bedeutung des Wortes «Zippelfagottist». Offenbar ist allen Kommentatoren entgangen, dass das Wort «Zippler» in Mitteldeutschland geläufig war: Es bezeichnete einen ungelernten Gehilfen, vor allem beim Bierverladen; in der Gegend um Halle nannte man Hilfsarbeiter «Zippeläufer». In diesem Sinne wäre ein «Zippelfagottist» ein Aushilfsmusiker, der sein Metier nie ernsthaft studiert hat und womöglich dem Bier übermäßig zuspricht. Da Geyersbach sich selbst als seriösen Instrumentalisten sah, wäre seine Wut nicht ganz unverständlich.

Nur wenige Wochen nach diesem Zwischenfall kehrte Bach Arnstadt vorläufig den Rücken. Im Spätherbst 1705 machte er sich zu Fuß auf den Weg nach Lübeck, um den Orgel-Altmeister Dieterich Buxtehude zu «behorchen», wie Carl Philipp Emanuel es im *Nekrolog* nannte. Johann Sebastian ging zweifellos ein

Risiko ein, als er sich entschloss, in der kalten Jahreszeit eine
Strecke von insgesamt 850 Kilometern allein auf der Landstra-
ße zurückzulegen. Buxtehudes Orgelspiel hätte er auch im Sommer hören können; was ihn im Winter nach Lübeck lockte, war
die Aussicht, die berühmten Abendmusiken in der Marienkirche mitzuerleben. Diese Veranstaltungen, bei denen Oratorien
oder Kantaten in besonders großen und klangfarbenreichen Besetzungen zur Aufführung kamen, fanden in der Regel im November und Dezember statt. Vielleicht hatte Bach erfahren, dass
Buxtehude für den 2. und 3. Dezember 1705 zwei «extraordi-
naire» Abendmusiken plante: Mit der Trauermusik *Castrum
doloris* wollte die Reichsstadt Lübeck dem im Mai 1705 verstorbenen Kaiser Leopold I. ihre Reverenz erweisen, während
sie mit der Festkantate *Templum honoris* den neuen Kaiser Joseph I. feierte. Zu diesen beiden Anlässen war Großes zu erwarten – zeitgenössischen Berichten zufolge wurde ein Teil der Kirche wie ein Theater dekoriert, und das Orchester umfasste so
viele Musiker, dass ein Musikstück von 25 Violinen im *Unisono gespielt werden konnte. Etwas Ähnliches hatte zu dieser Zeit
nur Wien oder Italien zu bieten. So gab es für Bach mehrere gute
Gründe, um Urlaub für seine Reise in den Norden zu beantra-
gen: Viel Zeit, um von Buxtehudes Kunst zu profitieren, blieb
nicht mehr, da der Marienorganist bereits auf die Siebzig zu-
ging. Neben dessen Orgelspiel auch die Abendmusiken zu «behorchen», hieß viel über Komposition und Leitung großer Ensembles zu lernen, und zwar in einer Dimension, die man in
Thüringen nicht kannte. Was Bach sich in Lübeck anzueignen
hoffte, war eine Qualifikation, die weit über seine Arnstädter
Aufgaben hinaus auf eine Zukunft als Organist in einer großen
Stadt oder als Hofkapellmeister zielte. Dabei rechnete er wohl
nicht damit, Buxtehudes Nachfolger zu werden. Man suchte
zwar um 1705 bereits nach einem Kandidaten, jedoch unter der
Voraussetzung, dass der Jüngere so lange als Assistent arbeiten
sollte, bis Buxtehude sterben oder seine Stelle aufgeben würde.
Darüber hinaus, so hatte es der Marienorganist festgelegt,
musste der Nachfolger Buxtehudes unversorgte Tochter Anna
Margreta heiraten. Weil sie zehn Jahre älter als Bach war, konn-

ten die Kirchenvorsteher ihn kaum in die engere Wahl ziehen. Ob er ein Angebot angenommen hätte, ist ohnehin fraglich: In Arnstadt verdiente er gut und war auf musikalischem Gebiet sein eigener Herr; dort stand ihm eine hervorragende Orgel zur Verfügung, während Buxtehudes Gemeinde das Geld fehlte, um ihr reparaturanfälliges Instrument durch einen Neubau von Arp Schnitger ersetzen zu lassen.

Vom Arnstädter Konsistorium hatte Bach die Genehmigung für eine einmonatige Reise erhalten. Zu Weihnachten wurde er zurückerwartet; bis dahin vertrat ihn sein Vetter Johann Ernst, den Bach selbst dafür bezahlte. Es muss beiden allerdings klar gewesen sein, dass vier Wochen Urlaub für Bachs Pläne nicht ausreichen würden. Setzt man eine durchschnittliche Tagesleistung von 40 Kilometern an, hätte Bach den Weg nach Lübeck bestenfalls in elf Tagen bewältigen können. Den Rückweg eingerechnet, wäre ihm nur eine Woche für den Aufenthalt in Lübeck geblieben – viel zu wenig, um sich von den Reisestrapazen zu erholen, Studien zu betreiben und Kräfte für den Rückweg zu sammeln. So darf man annehmen, dass zumindest die zwei Vettern sich schon im Voraus auf eine wesentlich längere Abwesenheit Johann Sebastians eingerichtet hatten.

Wie Bachs Begegnung mit dem fast 50 Jahre älteren Buxtehude verlief, ist nicht bekannt. Über den Aufenthalt in Lübeck, der sich bis Ende Dezember oder Anfang Januar 1706 erstreckte, kann man ebenfalls nur Mutmaßungen anstellen: Da viele seiner Werke, die in den folgenden Jahren entstanden, den Einfluss Buxtehudes sehr deutlich zeigen, muss man von engem Kontakt, vielleicht sogar einem regulären Lehrer-Schüler-Verhältnis ausgehen. Umsonst war diese Art von Meisterkurs für Bach sicher nicht zu haben; auch Buxtehude ließ sich die Unterrichtsstunden und das Ausleihen seiner Werke zum Abschreiben bezahlen. Denkbar ist, dass Bach das Honorar durch seine Mitwirkung als Violinist bei den Abendmusiken oder mit kirchenmusikalischen Routinearbeiten abdiente; vielleicht fand er auch als Cembalolehrer bei wohlhabenden Lübecker Familien ein kleines Einkommen, um Quartier und Lebensunterhalt zu finanzieren.

Am 7. Februar 1706 nahm Bach erstmals wieder in Arnstadt am Abendmahl teil. Zwei Wochen später wurde er wegen der Überschreitung seines Urlaubs vom Konsistorium vorgeladen. Das Protokoll hält zu diesem Thema einen Dialog von lapidarer Kürze fest:

«Wird der Organist in der Neuen Kirche Bach vernommen, wo er unlängst so lange geweßen, und bey wem er deßen Verlaub [Erlaubnis] genommen?

Ille [Jener, d. h. Bach]: Er sey zu Lübeck geweßen umb daselbst ein und anderes in seiner Kunst zu begreiffen, habe aber zu vorher von dem Herrn Superintendenten Verlaubnüß gebethen.

Dominus Superintendens: Er habe nur auf 4. Wochen solche gebethen, sey aber wohl 4. mahl so lange außenblieben.

Ille: Hoffe, das Orgelschlagen würde unterdeßen von deme, welchen er hiezu bestellet, dergestalt seyn versehen worden, daß deßwegen keine Klage geführet werden können.»

Aus diesem vermeintlichen Wortwechsel heraus entstand die Vorstellung von Bach als einem jungen Rebellen, der den Kirchenbürokraten in einer Weise Bescheid gibt, die man angesichts des berechtigten Vorwurfs nur als grob unhöflich bezeichnen kann. Das Dokument wurde noch nie als das gelesen, was ein Protokoll darstellt, nämlich die auf das Grundsätzliche konzentrierte Zusammenfassung eines gesprochenen Vorgangs. Niemand erwartete von einem Amtsschreiber, dass er Dialoge wörtlich wiedergab. Wäre der Protokollant überhaupt in der Lage gewesen, Bachs Argumentation zu folgen, wenn dieser von Buxtehudes Registrierkunst, Doppelpedalspiel, Kantaten in der neuesten Manier und ähnlichen Fachdingen berichtet hätte? Wahrscheinlich nicht, für ihn war es nur «das eine und andere» in Sachen Musik. Letzten Endes ging es gar nicht um Details, sondern um den Zweck der Reise: Wichtig war hier, dass Bach nicht aus privaten Gründen fortgeblieben war, sondern um etwas «in seiner *Kunst* zu begreiffen», d. h., um sich weiterzubilden. Dagegen konnte auch der Superintendent nichts einwenden, diente ein exzellenter Organist doch nicht nur dem Höchsten, sondern auch der Neuen Kirche und damit ganz Arnstadt zur Ehr und Zier. Abgesehen von der Ordnungswidrigkeit der Urlaubsüberschreitung, war das Konsistorium vermutlich sogar recht zufrieden, da Bach keine Kostenerstattung verlangte und den Stellvertreter aus eigener Tasche bezahlt hatte. Bachs Ausführungen zu diesem Punkt darf man sich ebenfalls entgegenkommender vorstellen, als es das Protokoll vermeldet. Auch seine Verwandtschaft mit der Bürgermeistersfamilie mag zur nachsichtigen Stimmung des Superintendenten beigetragen haben, jedenfalls wurde der Vorgang ohne weitere Konsequenzen für Bach *ad acta* gelegt.

Viel dringlicher erschienen zwei Beschwerden, die Bachs Musizieren während der Gottesdienste betraf: Man warf ihm vor, daß er bei der Orgelbegleitung der Kirchenlieder «viele wunderliche Variationes gemachet» und «viele frembde Thone mit eingemischet» habe, so dass die Gemeinde dadurch verwirrt worden sei. Ob diese Klagen schon vor Bachs Reise laut geworden waren oder sich auf eine von Buxtehudes Spiel angeregte, etwas ausschweifende Anwendung des «stylus phantasticus» bezog, geht aus dem Protokoll nicht hervor. «Gar befremdlich» fand das Konsistorium außerdem Bachs wiederholte Weigerung, Kantaten mit den Schülern aufzuführen. Diese Verpflichtung wäre über den Organistendienst hinausgegangen; vermutlich beruhte sie auf unklaren Nebenabsprachen, die in Bachs Anstellungsvertrag nicht erwähnt wurden. Während die Vertreter der Kirche die Ansicht vertraten, die Schüler sollten «sich exerciren, umb dereinsten zur Music sich beßer gebrauchen zu laßen», bestand Bach darauf, Kompositionen für Chor und Instrumentalisten ohne einen kompetenten «Director» nicht präsentieren zu können. Da er die Orgel spielte und dabei dem Ensemble den Rücken zukehrte, hätte ein anderer Musiker die Leitung übernehmen müssen. Das Konsistorium sah jedoch auf die Kosten und gab Bach zu verstehen, dass «man ihm keinen Capellmeister halten könne». So blieb die Angelegenheit in der Schwebe und sorgte weiterhin für Unstimmigkeiten.

Am 11. November 1706 musste Bach der Kirchenbehörde erneut Rede und Antwort stehen. Wieder wurde er getadelt, weil er sich nicht um die Schüler kümmerte; stattdessen habe er «eine frembde Jungfer» auf der Orgelempore «musiciren lassen». Da das Paulus-Wort «Das Weib schweige in der Kirche» zu dieser Zeit noch weitgehend befolgt wurde, hatte die Darbietung Aufsehen erregt. Viele Bach-Biographen mutmaßen, die Sängerin sei Bachs Cousine Maria Barbara gewesen. Als Verwandte von Bürgermeister Feldhaus kann sie den Konsistorialen allerdings kaum «frembd» erschienen sein. Ein Wort von Bach hätte seine Beziehung zu ihr erklären können, doch er sagte lediglich aus, er habe den Prediger rechtzeitig über sein Vorhaben informiert und dessen Einverständnis erhalten. So anziehend die Vorstellung vom gemeinsamen Musizieren Johann Sebastian Bachs mit seiner zukünftigen Ehefrau auch sein mag, ist es doch wahrscheinlicher, dass die «frembde Jungfer» eine auswärtige Virtuosin war. Ob Maria Barbara überhaupt eine ausgebildete Singstimme besaß, ist zudem unbekannt.

Einige Tage später fuhr Bach in den südlich von Arnstadt gelegenen Ort Langewiesen, um dort eine Orgel von Johann Albrecht zu prüfen und sie bei ihrer Einweihung am 1. Advent zu spielen. Nach der Arnstädter Orgelprobe war dies, soweit wir wissen, die zweite in einer ganzen Serie von Gutachter-Reisen, die Bach als Orgelfachmann in den folgenden vier Jahrzehnten unternahm (s. S. 84–87). Wie viele andere Organisten auch, arbeitete er mit einigen Orgelbauern über längere Zeit zusammen, z. B. mit dem Mühlhäuser Meister Johann Friedrich Wender. Ihm verdankte er wohl die Nachricht vom Tod des Organisten Johann Georg Ahle im Dezember 1706 und damit den Anstoß, sich auf die freie Stelle an der Blasiuskirche in der Reichsstadt Mühlhausen zu bewerben. Wender, der die Orgel der Kirche renoviert hatte und offensichtlich sehr an der Wahl eines hervorragenden neuen Organisten interessiert war, forderte auch Bachs entfernten Cousin Johann Gottfried Walther auf, sich zum Probespiel zu melden. Mit glänzender Orgelkunst allein war es in Mühlhausen allerdings nicht getan; dort erwarteten die Kirchenherren von jedem Anwärter auch die Präsentation einer eigenen Kantate und zeigten schon damit, dass sie an den zukünftigen Stelleninhaber hohe Ansprüche stellten. Traditionsgemäß war der Organist der Blasiuskirche nämlich für die musikalische Ausgestaltung des Festgottesdienstes zur alljährlichen Ratswahl zuständig, musste also in der Lage sein, möglichst prunkvolle «Staatsmusik» zu liefern. Als Bach am 1. Ostertag 1707 seine Probe ablegte, brachte er vermutlich die Kantate *Christ lag in Todes Banden* BWV 4 zur Aufführung – ein umfangreiches Werk, in dem nach der einleitenden Sinfonia alle sieben Strophen des Osterliedes in verschiedenen Besetzungen erklingen. Nachdem Johann Gottfried Walther seine Bewerbung zurückgezogen hatte, blieb Bach der einzige Kandidat und wurde am 24. Mai 1707 von den Vertretern der Gemeinde zum Nachfolger Ahles ernannt.

Man kann davon ausgehen, dass es die Erweiterung seines Arbeitsfeldes war, die Bach dazu bewog, das Arnstädter Organistenamt aufzugeben. Der Posten blieb ohnehin in Bach-Händen, da Johann Ernst die Stelle übernehmen konnte. Von den Querelen mit dem Konsistorium abgesehen, war Arnstadt ein Glücksfall für die ersten wichtigen Jahre von Bachs Karriere gewesen: «In Arnstadt zeigte er eigentlich die ersten Früchte seines Fleisses in der Kunst des Orgelspielens, und in der Composition», heißt es ganz zutreffend im *Nekrolog*. Hatte die Begegnung mit Buxtehude ihm noch die große, allmählich versinkende Tradition der norddeutschen Organistenschule nahegebracht, so konnte er in Arnstadt an einer fortschrittlich konzipierten Orgel spieltechnische und harmonische Experimente unternehmen, die weit in die Zukunft wiesen. Expressive *Chromatik und kühne Akkordfolgen, die durch die *temperierte Stimmung der Wender-Orgel ausführbar waren, findet man z. B. in den sechs sogenannten «Arnstädter Chorälen» BWV 715, 722, 726, 729, 732 und 738. Dagegen weisen die erst 1984 in Yale/USA entdeckten «Neumeister-Choräle» BWV 1090–1120 eine konventionellere Faktur auf. Teilweise wohl schon vor 1703 entstanden, belegen sie Bachs Aneignung des traditionellen mitteldeutschen Stils, wie ihn Johann Pachelbel oder Johann Michael Bach vertraten.

Bachs intensive Beschäftigung mit Buxtehudes Toccaten führte zur Entstehung früher Meisterwerke wie der *Toccata E-Dur*

BWV 566, die auch heute zum Repertoire vieler Organisten gehören. In diesem Zusammenhang muss hier das Schicksal der
berühmten, ebenfalls in die Arnstädter Zeit datierbaren *Toccata
und Fuge d-Moll* BWV 565 erwähnt werden: Als Konzertstück
überaus beliebt, galt sie seit dem 19. Jahrhundert als das Non-
plusultra der Orgelmusik Bachs. Auch zahllose Bearbeitungen
trugen zu ihrer Popularität bei, bis der englische Musikhistoriker Roger Bullivant 1971 Zweifel an der Echtheit der Toccata
äußerte. Seitdem wurden verschiedene Hypothesen zu ihrer Ur-
heberschaft und Entstehungszeit aufgestellt. Letzten Endes ließ
sich jedoch kein anderer Komponist benennen, dem die Erfin-
dung eines derartig kraftstrotzenden Virtuosenstückes zuzu-
trauen wäre. Steht sie also doch zu Recht im Bach-Werkver-
zeichnis? Für den Bach-Forscher Christoph Wolff gilt die Zu-
schreibung an Bach ohne Einschränkungen; er sieht in dem
einzigartigen Werk «ein besonders charakteristisches Beispiel
für den kühnen virtuosen Ansatz des jungen Bach in seinem
Versuch, die alten Vorbilder weit hinter sich zu lassen» (2007).

4. Zwischenspiel in Mühlhausen:
1707–1708

Als Bach in den letzten Juni-Tagen des Jahres 1707 nach Mühlhausen übersiedelte, kam er in eine Stadt, die von einer Kata-
strophe gezeichnet war: Am 30. Mai, fünf Wochen nach seinem
Probespiel, hatte ein Großbrand mehrere Hundert Häuser zer-
stört. Daher wurde die Ankunft des neuen Organisten kaum
wahrgenommen; als die Ratsherren eine Besprechung über
Bachs Honorar abhielten, gaben einige von ihnen an, sie «het-
ten keine Feder oder Dinten, weren wegen des Unglücks so be-
stürzet, dass Sie an keine Music dächten; wie es die anderen
Herren machten, [so] weren Sie zufrieden.» Als Besoldung wurde eine jährliche Summe von 85 Gulden (ca. 50 Reichstaler)
festgesetzt, was in etwa Bachs Arnstädter Gehalt einschließlich

der Mietzulage entsprach. Wie vielerorts üblich, erhielt er jedoch zusätzliche Naturalienlieferungen (Getreide, Fisch und Heizmaterial). Rechnet man Kasualien und Unterrichtshonorare dazu, war sein Gesamtverdienst wesentlich höher als 85 Gulden. Im Gegenzug verpflichtete Bach sich, seinem Dienst «trey und fleissig» nachzukommen, die Orgel in gutem Stand zu halten, sich auch «aller guten, wohlanständigen Sitten [zu] befleißigen» und «ungeziehmende Gesellschaft und verdächtige Compagnie» zu meiden.

Mühlhausen war um 1700 nach Erfurt die zweitgrößte Stadt Thüringens. Innerhalb ihrer noch heute erhaltenen Mauer standen dreizehn Kirchen, von denen zwei als Hauptkirchen galten: Die Marienkirche, fast so groß wie der Erfurter Dom, wurde vom Rat der Stadt protegiert, während die Blasiuskirche als Sitz des Superintendenten das eigentliche geistliche Zentrum Mühlhausens war. Auch musikalisch besaß sie die größere Bedeutung, weil ihr Organist bei wichtigen Anlässen die Leitung des Ratsmusik-Ensembles übernahm. Für die Aufführung von Kantaten standen Gymnasiasten als Vokalsolisten und Chorsänger zur Verfügung. Da Bach reibungslos mit ihnen zusammenarbeitete, darf man annehmen, dass sie wesentlich disziplinierter und besser geschult waren als ihre Arnstädter Kollegen.

An seiner neuen Wirkungsstätte fand Bach eine Orgel vor, die im Grundbestand älter, dafür aber größer als das Arnstädter Instrument war. Um 1690 durch Johann Friedrich Wender überarbeitet, besaß sie insgesamt 29 Register auf zwei Manualen und Pedal. Wohl von seinem Dienstantritt an verfolgte Bach den Plan, sie noch weiter ausbauen zu lassen. Er war jedoch klug genug, die zuständigen Behörden nicht unmittelbar nach dem Stadtbrand mit seinen Wünschen zu behelligen, sondern zunächst die eigenen Fähigkeiten ins beste Licht zu setzen. Sein regulärer Dienst umfasste fünf bis sechs wöchentliche Termine: Neben dem Orgelspiel und der gelegentlichen Darbietung von *Figuralmusik in der Blasiuskirche gehörte auch die Begleitung von Gottesdiensten in der Brückenhofkirche dazu, wo er sich mit dem Organisten der Marienkirche abwechselte. Bach war nun finanziell so gut gestellt, dass er daran

denken konnte, mit Maria Barbara eine eigene Familie zu gründen. Am 17. Oktober 1707 wurde Hochzeit gefeiert – nicht in
Mühlhausen, sondern in Dornheim bei Arnstadt, wo der mit
der Familie Bach befreundete und verschwägerte Pfarrer Johann Lorenz Stauder die Trauung vollzog. Über die Frau, die
in den folgenden zwölfeinhalb Jahren Bachs Leben teilte und
sieben Kinder zur Welt brachte, von denen vier überlebten,
weiß man fast nichts: Geboren am 20. Oktober 1684, war sie
ein halbes Jahr älter als Johann Sebastian. Da jedem Mitglied
der Bach-Familie musikalische Begabung zugesprochen wird,
gehen Bachs Biographen davon aus, dass auch Maria Barbara
als Organistentochter Talent, zumindest aber Kenntnisse im Bereich der Musik besaß. Wahrscheinlich wirkte sie im «Familien-
betrieb» mit, indem sie (wie später auch Bachs zweite Frau
Anna Magdalena) Noten kopierte und Schreibarbeiten übernahm. Im Haushalt wurde sie von ihrer unverheirateten älteren
Schwester Friedelena Margaretha unterstützt, die zu dem jungen Ehepaar zog und bis zu ihrem Tod im Jahr 1729 bei der
Versorgung der ständig wachsenden Kinderschar half. Wo sich
das Mühlhäuser Wohnhaus Bachs befand und wie groß es war,
ist unbekannt.

Im Winter 1707/1708 konnte Bach sich auf das größte all-
jährliche Ereignis im Musikleben Mühlhausens vorbereiten –
die Feier der Ratswahl, die seit 1705 am 4. Februar stattfand.
Zu einer Zeit, in der die Eigenständigkeit der Reichsstädte vielfach durch landesherrliche Ansprüche bedroht oder sogar eli-
miniert wurde, besaß diese Zeremonie als Demonstration poli-
tischer Unabhängigkeit eine hervorragende Bedeutung. Schon
1651 führte der Mühlhäuser Rat die Tradition ein, die jährlich
neu komponierte Festmusik drucken zu lassen und damit den
klingenden Ausdruck städtischen Stolzes weithin verfügbar zu
machen. Die Aufführung des «Raths-Stückchens» war jedoch
nur ein Punkt im Ablauf eines Feiertages, der mit einem Gottesdienst begann und als Volksfest endete: Eine zeitgenössische
Chronik beschreibt detailliert, wie die Ratsherren bei Glocken-
geläut durch ein Spalier von Schützen und Bürgern zur Marienkirche zogen, wobei «von zwei Musikbanden auf der Brotlaube

und der Kämmerei mit Pauken und Trompeten gegeneinander musicirt wurde». Nach Lobchorälen und der «Regenten-Predigt [...] war eine Musik, in welcher dem neuen Rath *vocaliter* und *instrumentaliter* Glück gewünscht wurde». Wenn die neuen Ratsherren schließlich unter freiem Himmel ihren Eid abgelegt hatten, «wurde auf dem Rathause ein großes Fest gegeben, zu welchem das Bäckerhandwerk einen Kuchen verehren mußte, welcher der Mehlblatz genannt wurde, auf Mühlhäusisch Möhlblatz».

Mit seinem ersten «Raths-Stückchen», der Kantate *Gott ist mein König* BWV 71, zeigte Bach, was er in Lübeck gelernt hatte: Von den Emporen der Marienkirche aus musizierten vier Instrumentalgruppen (Trompeten und Pauken, Blockflöten und Violoncello, Oboen und Fagott, Streicher), vier Vokalsolisten, ein vierstimmiger Chor, die große Orgel und ein *Orgelpositiv – insgesamt mindestens 24, vielleicht aber auch über 30 Sänger und Instrumentalisten. Majestätischer Trompeten-Prunk prägt den Eingangschor, dann folgen abwechslungsreiche, auf Kontrasteffekte zielende Sätze, die noch keinen ausgeprägten Personalstil zeigen. Was die Kantate jedoch zu einem frühen Meisterwerk macht, ist der ungemein poetisch empfundene Chor «Du wollest dem Feinde nicht geben die Seele deiner Turteltauben», in dem man in den begleitenden Flöten- und Oboenstimmen das Gurren der Tauben zu hören glaubt. Woher Bach die Anregung für die atemberaubende Harmonik dieses Satzes nahm, bleibt ein Rätsel. Im Blick auf die Praxis beweist die gesamte Kantate, dass Bach zumindest am Ratswahltag bestens ausgebildete, zum Teil wohl eigens nach Mühlhausen verpflichtete Musiker einsetzen konnte.

Bach verstand seinen ersten großen Erfolg zu nutzen: Als er wenig später einen Entwurf zur Erweiterung der Wender-Orgel vorlegte, wurde sein Vorschlag umgehend genehmigt, obwohl die Kosten nicht gering waren. Es scheint, als habe sich Bach in Mühlhausen beste Arbeitsbedingungen schaffen können, unter anderem auch durch den Aufbau einer eigenen Sammlung von «auserlesensten Kirchenstücken» verschiedener Komponisten für den praktischen Gebrauch und zum Studium. Dass er seine

Anstellung bereits Ende Juni 1708 kündigen wollte, begründete er jedoch damit, «Wiedrigkeit» und «Verdrießlichkeit» ausgesetzt gewesen zu sein. Wodurch diese internen Spannungen verursacht worden waren, geht aus Bachs Entlassungsgesuch nicht hervor. Vielleicht suchte er nur nach einer Begründung, um die Annahme einer besser besoldeten Stellung am Hof der Herzöge von Sachsen-Weimar zu rechtfertigen. Zwei Wochen zuvor war Bach nämlich nach Weimar eingeladen worden, um die renovierte Orgel der Schlosskirche zu begutachten. Mit seinem Spiel hatte er Herzog Wilhelm Ernst von Sachsen-Weimar so begeistert, dass ihm unverzüglich die Kammer- und Hoforganistenstelle angeboten wurde. Bachs Jahresgehalt sollte 150 Gulden betragen, d. h. fast das Doppelte seines Grundgehaltes an der Blasiuskirche, wozu auch in Weimar Naturalienlieferungen und weitere Vergünstigungen kamen. Allein der finanzielle Aspekt hätte genügt, um einen werdenden Familienvater zum Weggang von Mühlhausen zu bewegen. Was Bach – der den Weimarer Hof ja schon kannte – überdies verlockt haben muss, war die Chance, dort zum Hofkapellmeister aufzusteigen und damit in vielleicht nicht allzu ferner Zukunft zur Spitzengruppe der europäischen Musikerschaft zu gehören.

Obwohl man sein Abschiedsgesuch in Mühlhausen nur widerwillig annahm, trennte Bach sich nicht im Unfrieden von der Stadt. Wie schon in Arnstadt, ging auch seine Mühlhäuser Stelle an einen Verwandten über – hier an seinen Cousin Johann Friedrich Bach (um 1682–1730). Johann Sebastian versprach, sich von Weimar aus um den angefangenen Orgelumbau in der Blasiuskirche zu kümmern, und wurde auch in den folgenden zwei Jahren mit der Komposition der Ratswahlkantate beauftragt. Leider sind diese Werke verschollen. Seit 2008 liegt dagegen ein Orgelwerk wieder vor, das zweifelsfrei in Mühlhausen entstand: Im Nachlass des Thomaskantors Wilhelm Rust (1822–1892) wurde mit der Choralfantasie *Wo Gott der Herr nicht bei uns hält* BWV 1128 eine Komposition entdeckt, die den nachhaltigen Einfluss der norddeutschen Orgelmeister auf den jungen Bach dokumentiert. Dieser Fund ermöglicht nicht nur neue Einsichten in Bachs Frühwerk, sondern verleiht auch der wenig beachteten Lebensstation Mühlhausen neues Gewicht in Bachs Werkbiographie.

5. Bach in der «Himmelsburg»: Weimar 1708–1717

Wer Weimar besucht, findet nur wenige Gebäude, die so erhalten geblieben (oder rekonstruiert) sind, wie Bach sie kannte. Während heute Bauten des späten 18. Jahrhunderts dominieren, war Weimar um 1708 noch eine von Mittelalter und Renaissance geprägte, verwinkelte Kleinstadt. Aus der stolzen Reichsstadt Mühlhausen kommend, fand Bach sich nun in einer viel kleineren Residenz, die buchstäblich vom Fürstensitz, der Wilhelmsburg, beherrscht wurde. Von diesem Barockschloss ist jedoch heute nichts mehr zu sehen. Es wurde 1774 wiederum durch ein Großfeuer vernichtet und in den folgenden Jahrzehnten im klassizistischen Stil erneuert.

Im Juli 1708, als Johann Sebastian, Maria Barbara und Friedelena Margaretha Bach nach Weimar zogen, regierte Herzog Wilhelm Ernst die etwa 55 000 Untertanen des Hauses Sachsen-Weimar alleine. Sein jüngerer Bruder und Mitregent Johann Ernst war 1707 gestorben. Da Wilhelm Ernst keine Kinder hatte, wartete sein Neffe Ernst August (1688–1748) darauf, mit dem Erreichen der Volljährigkeit, also 1709, als neuer Mitregent eingesetzt zu werden. Bach konnte absehen, dass er zwei Herren würde dienen müssen, denn Hofkapelle und Hoforganist gehörten zum gemeinschaftlichen Personal der beiden herzoglichen Haushalte. So sehr er von Wilhelm Ernst geschätzt wurde, fühlte Bach sich doch dem musikalisch hochbegabten Ernst August stärker verbunden. Und noch ein dritter Angehöriger des Herzogshauses versprach ein eifriger Förderer der Hofmusik zu werden, nämlich Ernst Augusts jüngerer Bruder Johann Ernst (1696–1715). Er spielte Violine und erhielt seit 1707 Klavier- und Kompositionsunterricht bei Johann Gottfried Walther, der inzwischen das Organistenamt an der Weimarer Stadtkirche SS. Peter und Paul angetreten hatte. Mit seinem Verwandten Johann Sebastian Bach arbeitete er, soweit man weiß, in den Jahren bis 1717 freundschaftlich zusammen.

Bachs Arbeitsstätte, die 1658 vollendete Schlosskirche der Wilhelmsburg, war ein einzigartiges Gebilde: Über der Grundfläche von 30 x 12 Metern erhoben sich das Erdgeschoss und zwei Emporengeschosse mit einer Höhe von insgesamt etwa 20 Metern. Durch eine Öffnung in der Decke konnte man in einen Raum über der Kirche blicken, der als «Capelle» bezeichnet wurde und als Musikempore diente. Die Kirchenmusik erklang also wie «vom Himmel hoch», wobei die meisten Musiker für die Gottesdienstbesucher kaum sichtbar waren – wohl aber das Deckengemälde der «Capelle» mit Darstellungen musizierender Engel. Quasi als Stellvertreter der himmlischen Heerscharen bildete die Hofkapelle den klingenden Bestandteil einer architektonisch und bildlich ausgeformten Vorstellung der Verbindung von Diesseits und Jenseits durch das Wort Christi. «Weg zur Himmelsburg» hatte der fromme Erbauer der Schlosskirche, Herzog Wilhelm IV., diese ebenso eigenwillige wie theologisch durchdachte Raumschöpfung genannt. Anhand einer virtuellen Rekonstruktion konnte demonstriert werden, dass die akustischen Bedingungen in der «Himmelsburg» erstaunlich gut waren und Bachs subtiler Vielstimmigkeit sehr entgegenkamen.

In der «Capelle» stand eine Orgel, die Wilhelm IV. 1657 in Erfurt erworben hatte. Kurz vor Bachs Dienstantritt renoviert, muss das vergleichsweise kleine, zweimanualige Instrument (20 Register) einen höchst anspruchsvollen Organisten durchaus zufriedengestellt haben. Dass Bach seine Orgelkunst an seiner neuen Wirkungsstätte vervollkommnen konnte, geht aus dem *Nekrolog* hervor. An die Jahre in Weimar scheint er sich gerne zurückerinnert zu haben: «Das Wohlgefallen seiner gnädigen Herrschaft an seinem Spielen feuerte ihn an, alles Mögliche in der Kunst, die Orgel zu handhaben, zu versuchen. Hier hat er auch die meisten seiner Orgelstücke gesetzet.» Es war also ein Lebensabschnitt, in dem Bach seine schon vorhandenen Erfahrungen ausloten und seinen eigenen Stil perfektionieren konnte – «alles Mögliche» ist hier nicht als «dieses und jenes» zu verstehen, sondern als «alles irgend Machbare». Hatte er sich vorher überwiegend an norddeutschen Vorbildern orientiert, so erweiterte er nun seinen Horizont, indem er Standardwerke der italienischen und französischen Literatur für Tasteninstrumente (u. a. von Girolamo Frescobaldi) erwarb oder abschrieb. An Bachs eigenen Orgelwerken aus der Weimarer Zeit lässt sich beobachten, dass er zugunsten in sich abgerundeter Strukturen auf virtuose, improvisatorische Abschnitte verzichtete. Auch die langen, typisch norddeutschen Fugenthemen verschwinden; an ihre Stelle treten kürzere, prägnantere Gebilde, die jedoch zu insgesamt sehr umfangreichen Sätzen ausgearbeitet werden können – die bekanntesten Beispiele sind die um 1713/14 entstandene «Dorische» *Toccata und Fuge d-Moll* BWV 538 und die *Passacaglia und Fuge c-Moll* BWV 582. Vermutlich spielte Bach solche Werke im Anschluss an den Gottesdienst oder in Orgelkonzerten, bei denen nur die Herzogsfamilie, Hofleute und privilegierte Gäste anwesend waren. Gottesdienstliche Gebrauchsmusik findet man dagegen in seinem um 1708 begonnenen *Orgelbüchlein* BWV 599–644. Es enthält 46 kurze, individuell gestaltete Orgelchoräle, die auch als Lehrbeispiele für Bachs Schüler dienten.

Von Herzog Wilhelm Ernst großzügig besoldet, mietete Bach eine Wohnung im (nicht erhaltenen) Haus des Pagenhofmeisters und Sängers Adam Immanuel Weldig. Es lag schräg gegenüber vom «Roten Schloss», in dem der Mitregent Ernst August residierte. Vermutlich ließ er Bach oft zu sich rufen, um Mitglieder der Hofkapelle bei der Kammermusik zu begleiten oder sich als Solist am Cembalo hören zu lassen. Nach einer 1707 erlassenen und Bach zunächst wohl unbekannten Regelung durfte dies allerdings im Prinzip nur mit Erlaubnis von Herzog Wilhelm Ernst geschehen. Dass die Verfügungsgewalt über die Hofmusik sich zu einem langjährigen Streitpunkt zwischen den beiden Regenten entwickeln würde, konnte Bach beim Antritt seiner Stelle kaum ahnen. Die ersten Jahre am Herzogshof waren für ihn eine ruhige Zeit, in der er sich ganz seinen musikalischen Aufgaben und seiner noch kleinen Familie widmen konnte: Am 29. Dezember 1708 wurde sein erstes Kind getauft, die Tochter Catharina Dorothea; fast zwei Jahre später, am 22. November 1710, kam Wilhelm Friedemann zur Welt. Obwohl die Heiligenfeste im protestantischen Bereich keine große Bedeutung mehr besaßen, dürfte es Bach doch gefreut haben, dass sein erster Sohn am Tag der heiligen Cäcilia – der Schutzpatronin der Musik – geboren wurde.

Eine Residenzstadt wie Weimar war nicht nur ein politisches Zentrum, sondern auch eine Nachrichtenbörse und ein Künstlertreffpunkt. Bach, von dem Carl Philipp Emanuel später berichtete, seine Leipziger Wohnung habe stets einem Taubenschlag geglichen, wird auch in Weimar schon viele auswärtige Kollegen kennengelernt und bei sich zu Gast gehabt haben. Einer, von dem man es sicher weiß, war der erst 22 Jahre alte Ansbacher Hofviolinist Johann Georg Pisendel (1687–1755). Als er 1709 nach Leipzig reiste, nahm er eigens die Route über Weimar, um Bach zu treffen, und begründete damit eine Freundschaft, die bis zu Bachs Tod andauerte. Dessen Ruf drang in den Jahren um 1710 schon bis nach Süddeutschland: Im Dezember 1711 teilte das *Scholarchat von Augsburg dem jungen Organisten Philipp David Kräuter ein Stipendium zu, damit er bei Bach studieren konnte. Jährlich fielen dadurch Kosten von 80 Reichstalern bzw. 120 Gulden an. Wenn man den darin eingeschlossenen Betrag für die Unterbringung und Verpflegung Kräuters abzieht, blieb für Bach ein Honorar von schätzungsweise 70 bis 80 Gulden; das entsprach seiner Besoldung als Hoforganist für ein halbes Jahr. Da Kräuter nicht sein einziger Schüler war, erhöhte sich sein Einkommen durch die Lehrtätigkeit, Orgelprüfungen und Gastspiele an anderen Höfen (z. B. 1711 in Gotha) um beachtliche Beträge; außerdem erhielt er alle zwei Jahre eine Gehaltszulage. Um ihn am Weimarer Hof zu halten, finanzierten die Herzöge bei einer 1712 bis 1714 durchgeführten Renovierung der «Capelle» auch eine Erweiterung der Schlosskirchenorgel.

Der Hoforganist stellte nämlich mit gelegentlichen Aufführungen eigener Kirchenkantaten unter Beweis, dass er ein weitaus fähigerer Komponist als der Hofkapellmeister Johann Samuel Drese (? -1716) war. Den bis dahin umfangreichsten Kompositionsauftrag erhielt er jedoch aus Weißenfels: Als Festmusik zum Geburtstag des Herzogs Christian von Sachsen-Weißenfels fand dort am 27. Februar 1713 die Uraufführung von Bachs Kantate *Was mir behagt, ist nur die muntere Jagd* BWV 208 statt. Für Bach muss die etwa einwöchige Reise in die Nachbarresidenz eine Fahrt in ein Musenparadies gewesen sein. Weißenfels mit dem riesigen Schloss Neu-Augustusburg galt schon lange als einer der prachtvollsten deutschen Höfe, und unter der Regierung Herzog Christians wurden die Ausgaben für die Hofmusik noch weiter erhöht: Einschließlich der Kosten für die Hofoper betrug der Etat der Hofkapelle ungefähr 45 000 Gulden – was nicht unwesentlich zum Staatsbankrott im Jahr 1719 beitrug. Im Februar 1713 kostete der Herzog seine luxuriösen Leidenschaften jedoch noch nach Herzenslust aus. Weil er neben der Musik vor allem die Jagd liebte, erklang die Geburtstagskantate nicht im Schloss, sondern im sogenannten «Jägerhof», wo nach Abschluss einer großen Jagd getafelt wurde.

Die Jagdkantate, Bachs früheste erhaltene weltliche Kantate, ist ein heiteres Stück, in dem die Jagdgöttin Diana, ihr Geliebter Endymion, die Hirtengöttin Pales sowie der Waldgott Pan auftreten und dem Herzog Glückwünsche darbringen. Sängerinnen und Sänger erschienen in Kostümen aus dem Fundus der Hofoper; vielleicht wurde sogar ein provisorisches Bühnenbild mit Waldszenerie im Jägerhaus installiert. Bach konnte nicht nur die Gesangsrollen ohne Einschränkungen komponieren, da alle Mitwirkenden technisch höchst versiert waren. Auch bei der Instrumentierung durfte er aus dem Vollen schöpfen, denn die Hofkapelle war mit etwa 30 Instrumentalisten für damalige Verhältnisse üppig besetzt. Dem Thema entsprechend, treten die Blasinstrumente in den Vordergrund: So wie Diana zwei Waldhörner als Begleitung zugeordnet sind, wird Pan durch drei Oboen und die zarte Pales durch zwei Blockflöten charakterisiert. Ihre Arie «Schafe können sicher weiden, wo ein guter Hirte wacht» (womit der herzogliche «Staatshirte» gemeint ist) gehört zu den bekanntesten Sätzen aus Bachs frühen Vokalwerken.

Die Reise im Februar 1713 stand am Beginn einer erfreulichen und einträglichen Beziehung Bachs zum Weißenfelser Hof. Sein erfolgreiches Gastspiel war jedoch von Sorgen überschattet, denn er hatte seine Frau hochschwanger in Weimar zurückgelassen. Am 23. Februar brachte Maria Barbara Zwillinge zur Welt, die so schwach waren, dass sie noch am gleichen Tag die Taufe erhielten. Johann Christoph starb nach wenigen Stunden; Maria Sophia wurde nur drei Wochen alt. Für Bach und seine Zeitgenossen gehörte die hohe Kindersterblichkeit zwar zum alltäglichen Familienleben, doch für junge Eltern, die zum ersten Mal damit konfrontiert wurden, muss ein derartiger Schicksalsschlag eine furchtbare, einschneidende Erfahrung gewesen sein.

Als Prinz Johann Ernst nach einem Studienaufenthalt in den Niederlanden im Juli 1713 nach Weimar zurückkehrte, erhielt Bach von dem inzwischen siebzehnjährigen Musikfreund den Anstoß, sich intensiv mit Instrumentalkonzerten im modernen italienischen Stil zu beschäftigen. Unter den Musikalien, die Johann Ernst in Amsterdam erworben hatte, befand sich nämlich die erste im Druck erschienene Sammlung von Konzerten Antonio Vivaldis: Unter dem Titel *L'estro armonico* («Harmonisches Wagnis») vereinte der venezianische Meister in seinem Opus 3 zwölf Konzerte für eine, zwei oder vier Violinen, z. T. auch mit *obligatem Violoncello, und Orchester. Obwohl ähnliche Werke italienischer Komponisten nördlich der Alpen bereits bekannt waren, hinterließ Vivaldis Veröffentlichung bei seinen deutschen Zeitgenossen einen beispiellos starken, jahrzehntelang nachwirkenden Eindruck. Zu verdanken war dies einer genialen Kombination von neuartigen Elementen wie dem regelmäßigen Einsatz der *Ritornellform in den schnellen Sätzen, der fast schon romantisch anmutenden Beseeltheit seiner langsamen Sätze und der Einprägsamkeit der Themen. Angesichts der immensen Popularität, die Vivaldis Musik auch heute genießt, lässt sich der Enthusiasmus des jungen Prinzen und Bachs Interesse an den fast noch druckfrischen Konzerten erahnen. Zu seinem Bedauern konnte Johann Ernst jedoch nicht über die Hofkapelle verfügen. Um die neuen musikalischen Schätze den-

noch aufführen zu können, bearbeitete Bach sie für Tastenin-
strumente – so entstanden zwanzig Konzerttranskriptionen für
Cembalo oder Orgel (BWV 592–596 und 972–987) nach Vorla-
gen von Vivaldi, Alessandro und Benedetto Marcello, Johann
Ernst selbst und anderen Komponisten. Als Bestandteil von
Bachs Œuvre wenig beachtet, hatten sie über ihren praktischen
Wert als «Ersatz» für eine vollstimmige Darbietung hinaus für
Bach auch eine pädagogische Bedeutung: Wie Johann Nikolaus
Forkel festhielt, studierte er an ihnen «die Führung der [melodi-
schen] Gedanken, das Verhältnis derselben untereinander, die
Abwechslung der Modulation und mancherley Dinge mehr».
Mit anderen Worten: Der vorrangig an der Orgel geschulte
Bach eignete sich eine neue musikalische Ausdrucksweise an,
die in der Folgezeit fast alle Gebiete seines Schaffens beeinflus-
sen sollte.

Im Herbst 1713 kam in Weimar ein Werk von Bach zur Aufführung, das erst 2005 entdeckt wurde und die BWV-Nummer
1127 erhalten hat: Zum 52. Geburtstag des Herzogs Wilhelm
Ernst erklang eine Aria für Sopran, zwei Violinen, Viola und
Basso continuo, die mit den Worten «Alles mit Gott, und nichts
ohn' ihn» beginnt. Verglichen mit der Festkantate für Herzog
Christian von Sachsen-Weißenfels, stellte die Komposition dieser eher konventionellen Arie keine besonders anspruchsvolle
Aufgabe dar. Bach scheint zu dieser Zeit erkannt zu haben, dass
er als Hoforganist unterfordert war und seine musikalischen Vi-
sionen nicht verwirklichen konnte. Ob er Weimar tatsächlich
verlassen oder lediglich eine Verbesserung seiner Position erreichen wollte, als er sich Ende November 1713 halboffiziell um
die Stelle des Musikdirektors und Organisten an der Marienkirche in Halle bewarb, lässt sich nicht mehr klären. Nachdem er
Anfang Dezember nach Halle gereist war, dort vorgespielt und
eine Kantate aufgeführt hatte, wurde er im Januar 1714 vom
Kirchenkollegium gewählt. Nun verhandelte Bach nach zwei
Seiten, wohl wissend, dass die Weimarer Regenten ihn schätzten
und der betagte Hofkapellmeister Johann Samuel Drese seinen
Pflichten nicht mehr lange würde nachkommen können. Mit der
Ankündigung seines Weggangs nach Halle erreichte er, dass

Herzog Wilhelm Ernst eigens für ihn die neue, höher besoldete
Stelle eines Konzertmeisters einrichtete und ihn beauftragte, alle
vier Wochen eine Kantate für die «Himmelsburg» zu schreiben.
Dass Bach daraufhin in Halle absagte, wurde ihm zunächst von
einigen Mitgliedern des Kirchenkollegiums übel genommen. Es
gelang Bach jedoch, die Verstimmung durch einen diplomatisch
formulierten Brief auszuräumen. Wie die mit hohem Honorar
und fürstlicher Bewirtung verbundene Einladung Bachs zur Prü-
fung einer neuen Orgel in der Marienkirche im April 1716 belegt, war damit das gute Verhältnis zwischen dem nunmehr herzoglichen Konzertmeister und der Stadt Halle wiederhergestellt.

Konzertmeister und Kantatenkomponist

«So lasset uns gehen in Salem der Freuden» singt der Chor im
beschwingten Finalsatz der Palmsonntag-Kantate *Himmelskö-
nig, sei willkommen* BWV 182, die am 25. März 1714 uraufge-
führt wurde. Man darf wohl den Rückschluss wagen, dass die
Musik in diesem Fall tatsächlich Bachs Gemütszustand spiegel-
te: Am 8. März 1714, nur wenige Tage nach seiner Ernennung
zum Konzertmeister, hatte Maria Barbara einen gesunden Sohn
zur Welt gebracht, der auf den Namen Carl Philipp Emanuel
getauft wurde – Philipp nach seinem Paten, dem Komponisten
Georg Philipp Telemann (1681–1767). Zwischen 1708 und
1712 am Eisenacher Hof angestellt, war er in dieser Zeit oft mit
Bach zusammengetroffen. Nachdem Telemann im Februar
1712 nach Frankfurt/Main gezogen war, wo er bis 1721 tätig
sein sollte, dürfte es jedoch nur noch selten zu persönlichen Be-
gegnungen der beiden Komponisten gekommen sein.
    Bach widmete sich vom Frühjahr 1714 an mit großer Energie
der Kantatenkomposition. Offenbar hatte es von Seiten des Ho-
fes schon längere Zeit Pläne gegeben, die Aufführungsbedin-
gungen in der Himmelsburg zu verbessern: Zwischen 1712 und
1714 war die Musiziergalerie vergrößert worden, so dass dort
nun neben der Orgel und neuen Stühlen für die Musiker auch
ein Spinett und ein Cembalo Platz fanden. Als Bach mit seinen
regelmäßigen Kantatenaufführungen begann, standen ihm nicht

nur die vierzehn angestellten Hofmusiker (sieben Sänger und sieben Instrumentalisten) zur Verfügung, sondern auch zwei weitere Sänger, die herzoglichen Trompeter und Pauker, Chorsänger des Weimarer Gymnasiums, die Stadtmusiker und einige musikalisch talentierte Lakaien. Damit konnten die Vokalstimmen in Chorsätzen zwei- oder sogar dreifach besetzt werden; das Orchester darf man sich mit je zwei Spielern für die 1. und 2. Violine und ansonsten einfacher Besetzung vorstellen. Als Konzertmeister übernahm Bach die Leitung vom Pult der 1. Violinen aus, wie es bei Ensembles für Barockmusik auch heute oft wieder praktiziert wird. Dass der Orgelvirtuose Bach auch als Streicher höchst erfahren war, bezeugte Carl Philipp Emanuel: «In seiner Jugend und bis zum ziemlich herannahenden Alter spielte er die Violine rein und durchdringend und hielt dadurch das Orchester in einer größeren Ordnung, als er mit dem Flügel [d. h. Cembalo] hätte ausrichten können.»

Als hätte lang aufgestaute Kreativität sich Bahn gebrochen, schrieb Bach in den nun folgenden Monaten einige ungemein fantasiereich gestaltete Kantaten, die noch heute zu seinen beliebtesten geistlichen Werken zählen. Er selbst schätzte den ergreifenden, harmonisch kühnen Eingangschor von *Weinen, Klagen, Sorgen, Zagen* BWV 12 später noch so sehr, dass er dessen Hauptteil zum «Crucifixus» der *Messe in h-Moll* umarbeitete. Auch die Kantate *Ich hatte viel Bekümmernis* BWV 21, die wohl am 17. Juni 1714 erstmals zu hören war, brachte er wiederholt zur Aufführung – 1720 bei seiner Bewerbung an der Hamburger Jacobikirche und 1723 in erweiterter Form in Leipzig. In diesem Werk konnte Bach geradezu mustergültig die ganze Skala seines musikalischen Ausdrucksvermögens vorführen, da der Text zunächst von der Seelenqual eines Christen spricht, der sich von Gott verlassen fühlt, dann aber die Gegenwart Jesu wahrnimmt, von Freude ergriffen wird und schließlich in «himmlischer Lust» seinen Erlöser preist. Wenn sich die Trompetenpracht des Schlusschors «Das Lamm, das erwürget ist» entfaltet, spürt man, dass Bach und der von ihm sehr geschätzte Georg Friedrich Händel keineswegs Antipoden waren, sondern einander oftmals künstlerisch sehr nahekamen, obwohl sie sich trotz mehrerer Versuche nie persönlich trafen. Es ist zwar kein Brief bekannt, der eine direkte Verbindung zwischen den beiden Komponisten belegen würde, aber das heißt nicht, dass es keine gelegentliche Korrespondenz oder Notensendungen gab. Das internationale Musiker-Netzwerk der Barockzeit bot viele Kontaktmöglichkeiten, und so ist es nicht unwahrscheinlich, dass Bach und Händel mehr von den Werken des jeweils anderen kannten, als heute nachzuweisen ist.

Auf einen Text des Pastors Erdmann Neumeister (1671–1756), der von 1704 bis 1706 in Weißenfels tätig gewesen war, schrieb Bach 1714 die Adventskantate *Nun komm, der Heiden Heiland* BWV 61. Bereits 1704 hatte Neumeister einen Zyklus von *Libretti veröffentlicht, die das Genre der protestantischen Kirchenkantate revolutionierten: Am italienischen *dramma per musica* orientiert, bestanden seine Texte nicht mehr aus Bibelnachdichtungen, sondern aus poetisch freien Rezitativen und Arien. Das machte sie an den Höfen der überwiegend opernbegeisterten mitteldeutschen Fürsten äußerst beliebt, während pietistisch eingestellte Geistliche sie als Einbruch des Weltlichen in den Gottesdienst bekämpften. Als Kompromiss lieferte Neumeister in weiteren Publikationen das Modell für einen stärker auf ältere Traditionen bezogenen «gemischten» Kantatentyp, bei dem zu den opernhaften Elementen auch wieder Bibelverse und Choralstrophen treten. Diese Art des Kantatentextes, zuerst von Bachs Freund Telemann für den Hof von Eisenach vertont, wurde zur Standardform für das gesamte 18. Jahrhundert. In BWV 61 bildet der bekannte Luther-Choral «Nun komm, der Heiden Heiland» im Originaltext sowie in freier Nachdichtung die Grundlage der Kantate. Da der 1. Advent auch der Anfang des Kirchenjahres ist, mithin besonders festliche Musik erfordert, komponierte Bach den Eingangssatz als Kombination von Choralbearbeitung und französischer Ouvertüre für Chor und Orchester: «Die Ouvertüre eröffnet das Kirchenjahr; zugleich ist sie in der französischen Oper dasjenige Musikstück, während dessen der König seine Loge zu betreten pflegte. Auch in dieser Kantate gilt es aber, einen einziehenden König zu begrüßen» (Alfred Dürr). So wie in diesem Chorsatz finden sich schon in Bachs frühen Kantaten zahlreiche Beispiele für seine intellektuelle, theologisch begründete Durchdringung der Texte. In seiner Position als Konzertmeister hatte er in Weimar Zeit für eine höchst sorgfältige Ausarbeitung und wohl auch zum Proben. Später, als er während seiner ersten Amtsjahre als Thomaskantor in Leipzig allwöchentlich eine «Haupt-Music» schreiben und vorbereiten musste, fiel es ihm manchmal schwer, an den Elan und die musikalische Vielfalt der Himmelsburg-Kantaten anzuknüpfen.

Gegen Ende des Jahres 1714 oder Anfang 1715 zog ein junger Verwandter bei Bach ein: Johann Bernhard Bach (1700–1743), ein Sohn von Johann Sebastians Bruder Johann Christoph aus Ohrdruf, blieb bis 1719 bei seinem Onkel, um sich als Organist zu vervollkommnen. Er löste Johann Caspar Vogler (1696–1763) ab, der schon als Zehnjähriger 1706 in Arnstadt Unterricht bei Bach erhalten und von 1710 bis 1714 in Weimar bei ihm studiert hatte. Neben Johann Bernhard lebten Johann Lorenz Bach aus Schweinfurt und der Müllerssohn Johann Martin Schubart (1690–1721) als Orgelschüler in Bachs Familie – Letzterer von 1707 bis 1717. Maria Barbara und Friedelena hatten also auch ständig für zwei oder drei Jugendliche zu sorgen, die sich ihrerseits durch Notenkopieren und andere Hilfsarbeiten nützlich machten. Ob Bach zu dieser Zeit noch im Weldigschen Haus wohnte, ist nicht bekannt. Vielleicht hatte er bereits ein größeres Quartier gewählt, denn von den Schülern abgesehen bestand sein Haushalt mittlerweile aus sechs Personen, und am 11. Mai 1715 kam der Sohn Johann Gottfried Bernhard dazu. Fast gleichzeitig mit dem Familienzuwachs erhielt Bach eine Gehaltsaufbesserung: Vom April 1715 an wurden ihm Einkünfte in der Höhe eines Kapellmeisterhonorars zugewiesen.

Bachs Verpflichtung zur Kantatenkomposition führte keineswegs dazu, dass er sein Orgelspiel vernachlässigte – sonst hätte Johann Mattheson ihn 1717 in seiner Schrift *Das beschützte Orchestre* wohl kaum den «berühmten Organisten zu Weimar» genannt. Etwa die Hälfte seiner erhaltenen Orgelwerke lässt sich in die Weimarer Zeit datieren, entweder als Originalkomposition oder als verbesserte Überarbeitung einer früheren Version. Wohl kurz vor 1714 entstand die *Passacaglia c-Moll* BWV 582, die sich noch einmal deutlich auf die Buxtehude-Tradition bezieht. Etwa auf die gleiche Zeit ist auch der dreisätzige Komplex *Toccata, Adagio und Fuge C-Dur* BWV 564 anzusetzen. Weil seine ungewöhnliche Form auf Bachs intensive Auseinandersetzung mit Vivaldis Instrumentalkonzerten zurückgeht, wird dieses Werk gerne als «Italienisches Konzert für die Orgel» bezeichnet. Es ist denkbar, dass solche virtuosen Kompositionen nicht nur von Bach dargeboten wurden, sondern auch Lehrmaterial für seine besten Schüler darstellten. Am anderen Ende der Skala beschäftigte ihn die Grundausbildung angehender Organisten: Für sie legte er während seiner Weimarer Zeit ein Musterbuch kleinformatiger Choralbearbeitungen an, das *Orgelbüchlein* BWV 599–644. Ursprünglich sollte die geplante Sammlung 164 kurze Sätze über bekannte Kirchenlieder enthalten; ausgeführt wurden jedoch nur 46 Sätze. Sie demonstrieren verschiedenartige Kompositionsmethoden, dienen gleichzeitig aber auch als Übungen für eine optimale Spieltechnik. Obwohl Bach das *Orgelbüchlein* später nie ernsthaft weiterführte, besitzt es in seinem Gesamtschaffen eine überragende Bedeutung: Wenn auch unvollendet, ist es doch von der Idee her das erste jener enzyklopädischen Projekte, die – wie etwa das *Wohltemperierte Klavier* oder die *Kunst der Fuge* – die Summe aller Lösungsmöglichkeiten einer kompositorischen Aufgabe zusammenfassen. Darüber hinaus erfüllt es als Standardwerk im Orgelunterricht noch heute seinen ursprünglichen Zweck.

Die ruhige, konzentrierte Arbeit Bachs im Jahr 1715 wurde von der Nachricht unterbrochen, dass Prinz Johann Ernst am 1. August in Frankfurt am Main gestorben war. Seine Beisetzung fand nicht in Weimar, sondern in der Grablege seiner Verwandten in Bad Homburg statt. In der folgenden sechsmonatigen Trauerzeit durfte im Herzogtum Weimar nicht musiziert werden, nur die Kirchenmusik setzte bereits am 10. November wieder ein. Eine von Bach komponierte Trauermusik (*Was ist, das wir Leben nennen*, BWV deest) wurde erst im April 1716 im Rahmen eines Gedächtnisgottesdienstes aufgeführt. Wie zahl-

reiche andere Gelegenheitswerke Bachs ist sie durch einen Text-
druck dokumentiert, während die Partitur verschollen ist.

Noch bevor die Landestrauer zu Ende gegangen war, hatte
Herzog Ernst August sich mit einer Prinzessin von Anhalt-Köthen vermählt. Da die Hochzeit auf dem Köthener Witwensitz
Schloss Nienburg an der Saale stattfand, darf man annehmen,
dass die Hofkapelle an den Festlichkeiten beteiligt war. Auch
der Bruder der Braut wird daran teilgenommen haben – Leopold von Anhalt-Köthen, ein junger Fürst mit größtem Interesse
an Musik, der selbst mehrere Instrumente spielte und als guter
Sänger galt. Seine Begegnung mit Bach war von entscheidender
Bedeutung für die weitere Karriere des Weimarer Konzertmeisters. Als Schwager des Mitregenten dürfte Fürst Leopold in der
Folgezeit auch in Weimar zu Gast gewesen sein, wo Bach darauf
wartete, die Stelle des alten Hofkapellmeisters Johann Samuel
Drese übernehmen zu können. Einladungen Bachs zu Orgelprüfungen in Halle und Erfurt stellten in dieser Zeit seinen wachsenden Ruhm ebenso unter Beweis wie die Bitte des Herzogs
von Sachsen-Gotha, Bach möge am Karfreitag 1717 in der Go-
thaer Schlosskirche die Aufführung einer Passionsmusik leiten.
Ob Bach genügend Zeit blieb, um eine eigene Passion zu komponieren, ist nicht bekannt. In jedem Fall war seine Reise nach
Gotha auch eine inoffizielle Bewerbung um die Stelle des
schwerkranken dortigen Hofkapellmeisters, denn in Weimar,
wo Johann Samuel Drese am 1. Dezember 1716 gestorben war,
standen Bachs Chancen auf Beförderung schlecht. Herzog Wilhelm Ernst konnte von Rechts wegen nichts anderes tun, als den
langjährigen Vizekapellmeister Johann Wilhelm Drese zum
Nachfolger seines Vaters zu ernennen.

Ob Herzog Ernst August zwischen Leopold von Anhalt-Köthen und Bach vermittelte, ist nicht nachzuweisen, aber wahrscheinlich. Als sich der bisherige Köthener Kapellmeister Augustin Reinhard Stricker im Sommer 1717 entschloss, nach
Neuburg an der Donau zu wechseln, war der Weg für Bach frei:
Am 5. August 1717 wurde er als Hofkapellmeister verpflichtet
und erhielt aus Köthen ein generöses Begrüßungsgeld. Vorerst
blieb er jedoch noch in Weimar und reiste von dort im Herbst

nach Dresden, um zu einer Art musikalischem Duell anzutreten. Sein Dresdner Kollege, der Konzertmeister Jean-Baptiste Woulmyer, hatte ihn zu einem Wettspiel mit dem französischen Organisten und Cembalisten Louis Marchand (1669–1732) eingeladen. Der eigentliche Initiator war wohl der sächsische Kammerherr und General Joachim Friedrich von Flemming, ein Bruder des einflussreichen Ministers Jacob Heinrich von Flemming, in dessen Palais der Virtuosen-Wettbewerb stattfinden sollte.

Zwei berühmte Instrumentalisten gegeneinander antreten zu lassen, gehörte in der Barockzeit zu den mäzenatischen Vergnügungen des Adels. Meistens endeten solche Darbietungen damit, dass die Konkurrenten für gleichrangig erklärt wurden: Bei einem Wettspiel in Rom hatte man 1709 Georg Friedrich Händel als den besseren Organisten bewundert, aber Domenico Scarlatti am Cembalo den Vorzug gegeben. Der «Kampf» zwischen Bach und dem wegen seiner Arroganz höchst unbeliebten Marchand sollte offenbar nur am «Clavier» ausgetragen werden. Wie der *Nekrolog* festhält, verschaffte Woulmyer Bach die Gelegenheit, «seinen Gegner erst verborgen zu hören». Als am nächsten Tag eine illustre Gesellschaft versammelt war, um die beiden Virtuosen im Vergleich zu erleben, wartete man lange auf den Franzosen. Schließlich stellte sich heraus, dass er frühmorgens abgereist war. Falls General Flemmings Gäste enttäuscht über den Ausfall des Wettbewerbs waren, wurden sie nun durch ein Solokonzert Bachs entschädigt: Er zeigte «die Stärcke, mit welcher er wider seinen Gegner bewaffnet war [...] zur Verwunderung aller Anwesenden». Der große Erfolg blieb für ihn allerdings mit einem bitteren Nachgeschmack verbunden. Kurfürst August der Starke hatte ihm 500 Reichstaler als Geschenk zuerkannt – eine Kleinigkeit gegenüber dem Personaletat der Dresdner Oper von jährlich über 45 000 Reichstalern, aber der Gegenwert von zwei Jahresgehältern für Bach. Das Geld kam jedoch nie in seine Hände; vermutlich wurde es von einem betrügerischen Hofbeamten unterschlagen.

Was sich nach Bachs Rückkehr aus Dresden in Weimar abspielte, lässt sich nur aus Indizien erschließen. Wie eine Aktennotiz festhält, wurde Bach «wegen seiner Halßstarrigen Bezei-

gung und zu erzwingender Dimission» am 6. November 1717
«auf der Landrichter-Stube» in Arrest genommen. Wahrscheinlich hatte er um seine Entlassung gebeten und erst bei dieser
Gelegenheit offengelegt, dass er den Köthener Anstellungsvertrag bereits unterschrieben hatte. Durch dieses Vorgehen und
die Gewissheit, dass Mitregent Ernst August auf der Seite seines
Schwagers Leopold von Anhalt-Köthen stand, wird Herzog
Wilhelm Ernst sich doppelt betrogen gefühlt haben. «Halsstar-
rigkeit» kann in diesem Zusammenhang nur bedeuten, dass
Bach sich weigerte, den Kontrakt mit Fürst Leopold wieder auf-
zulösen und in Weimar zu bleiben. Seinen Abschied hätte er
wohl kaum «erzwingen» können, doch Wilhelm Ernst musste
ihn widerwillig ziehen lassen, weil Bachs neuer Dienstherr den
Fürstenrang besaß und einem Herzog gegenüber sozusagen wei-
sungsberechtigt war. In dieser Lage sah Wilhelm Ernst in einer
nicht allzu langen, aber demonstrativen Inhaftierung Bachs vermutlich das einzige Mittel, um seinen Groll und seine Autorität
unter Beweis zu stellen. Natürlich warf man einen berühmten
Organisten nicht in den Kerker; als Arrestant des Landrichters
wird Bach in den folgenden dreieinhalb Wochen gut versorgt
worden sein. Als er am 2. Dezember entlassen wurde, ließ Wilhelm Ernst ihm mitteilen, er sei in Ungnade gefallen, was einem
Hinauswurf gleichkam. Der neue Kapellmeister von Köthen
brauchte sich deshalb keine Sorgen zu machen. Er ging noch auf
eine Reise nach Leipzig, wo er an einer Orgelprüfung beteiligt
war, und nahm kurz vor Jahresende Abschied von Weimar. Dabei ließ er viele Kompositionen zurück, die im Auftrag des Ho-
fes entstanden waren. Da sie beim Brand des Schlosses 1774
vernichtet wurden und keine Abschriften erhalten geblieben
sind, kann unser heutiges Bild von Bachs Weimarer Zeit nur unvollständig sein.

6. Im Dienst des idealen Fürsten:
Köthen 1718–1723

An seine Zeit in Köthen erinnerte Bach sich später mit nostalgischer Wehmut: «Daselbst hatte [ich] einen gnädigen und Music so wohl liebenden als kennenden Fürsten; bey welchem auch vermeinete meine Lebenszeit zu beschließen», heißt es in einem Brief Bachs aus dem Jahr 1730. Auch gegenüber seinen Kindern muss der Thomaskantor oft in den höchsten Tönen von diesem kunstverständigen Landesherrn gesprochen haben. Zwischen Leopold von Anhalt-Köthen und Bach scheint ein ungezwungenes, von gegenseitigem Respekt geprägtes Verhältnis geherrscht zu haben, sonst hätte Carl Philipp Emanuel ihn im *Nekrolog* nicht als «seinen [d. h. Bachs] so innig geliebten Fürsten» bezeichnet und in einem der Nachträge betont: «Fürst Leopold in Cöthen, Herzog Ernst August in Weimar, Herzog Christian in Weißenfels haben ihn besonders geliebt und auch nach Proportion beschenckt.» Da Leopold neun Jahre jünger als Bach war, durfte sein neuer Kapellmeister sich in der Tat Hoffnungen auf eine ausgedehnte Amtszeit machen. Bach selbst war bei seinem Dienstantritt erst 31 Jahre alt. Wenn er sich nichts Erstrebenswerteres vorstellen konnte, als drei oder vier Jahrzehnte in Köthen zu verbringen, muss er an Leopolds Hof ideale, stimulierende Arbeitsbedingungen vorgefunden haben. Auch seine finanzielle Situation war sehr zufriedenstellend: Über das Grundgehalt von 400 Talern hinaus erhielt Bach einen Zuschuss, damit er eine geräumige Wohnung mieten und die Proben mit der Hofkapelle zuhause abhalten konnte. Wenn er sich im Schloss aufhielt und dort speiste, saß er mit umgehängtem Degen am Offizierstisch. Einen so hohen gesellschaftlichen Rang, wie ihn Fürst Leopold seinem Kapellmeister zuerkannte, bekleidete Bach später niemals wieder.

Dass Köthen genau rechtzeitig für Bach zu einem musikalischen Arkadien wurde, verdankte es einem Zufall. Als das Fürstentum Anhalt-Köthen 1606 begründet worden war, hatte es den strengen Calvinismus als Staatsreligion übernommen, und das bedeutete, dass der «Luxus» Musik am Hof etwa hundert Jahre lang eine untergeordnete Rolle spielte. Nur das für die Repräsentation unentbehrliche Trompeterensemble wurde ständig im Sold gehalten. Fürst Leopolds Vorliebe für die «Klinge-Kunst» konnte sich jedoch schon während seiner Kindheit entwickeln, weil seine Mutter Gisela Agnes zur lutherischen Minderheit des Landes gehörte und die Musik im Sinne Luthers positiv auffasste. Seit ihrer Eheschließung mit Fürst Emanuel Lebrecht trat sie energisch für die Belange ihrer Glaubensgenossen ein und setzte 1694 den Bau der von ihr gestifteten Agnuskirche durch, so dass die lutherische Gemeinde Köthens erstmals seit Jahrzehnten wieder ein eigenes Gotteshaus bekam. Nach dem Tod des Fürsten (1704) übernahm Gisela Agnes die Regentschaft, da ihr Sohn Leopold erst neun Jahre alt war. Drei Jahre später wurde der Erbprinz auf die Berliner Ritterakademie geschickt und schloss seine Ausbildung mit der traditionellen Kavalierstour ab: Begleitet von einem Hofmeister und einigen Dienern, besuchte er zwischen Herbst 1710 und Frühjahr 1713 die Niederlande, England, Frankreich und Italien. Wie wichtig seine musikalische Ausbildung genommen wurde, belegt die Verpflichtung des späteren Dresdner Hofkapellmeisters Johann David Heinichen, der zu dieser Zeit in Italien lebte und dem Prinzen sieben Monate lang als Lehrer und Reiseführer diente. Schwer mit Notendrucken beladen, kehrte der kleine Tross schließlich über Wien, Prag und Dresden nach Köthen zurück. Unterwegs erfuhr Leopold, dass der neue, nur am Militär interessierte preußische König Friedrich Wilhelm I. die Berliner Hofkapelle aufgelöst hatte und viele hervorragende Musiker eine Anstellung suchten. Sechs von ihnen konnte Leopold mit Erlaubnis seiner Mutter Anfang 1713 engagieren, darunter den Kapellmeister Augustin Reinhard Stricker und dessen Frau Catharina Elisabeth als Sängerin und Lautenistin. Mit ihnen kamen zwei Violinisten, ein Oboist und ein Fagottist nach Köthen. Bei seinem Regierungsantritt im Mai 1716 verfügte Leopold also über ein kleines, bestens besetztes Ensemble, das alsbald noch um einen Cellisten und den Violinisten bzw. Gambisten Christian Ferdinand Abel erweitert wurde. Kapellmeister Stricker und seine Frau suchten dagegen 1717 ein anderes Engagement, weil ihr eigentliches Metier die Oper war, für die es in Köthen keine Basis gab.

Als Bach im Dezember 1717 seinen Dienst antrat, lebte die tatkräftige Fürstinmutter bereits auf ihrem Witwensitz in Nienburg an der Saale, vertrat aber nach wie vor die Anliegen der lutherischen Einwohner Köthens – wenn nötig, auch gegen ihren Sohn. Bach und seine Familie wurden nun Gemeindemitglieder der Agnuskirche. Sie besaß eine zweimanualige, 1708 erbaute Orgel, die Bach vermutlich für den Unterricht seiner Orgelschüler nutzte. Auch einige seiner Weimarer Kantaten wurden in Köthen (wohl in der Agnuskirche) aufgeführt, doch offiziell hatte Bach an seinem neuen Wirkungsort keine kirchenmusikalischen Verpflichtungen. Seine Aufgabe bestand darin, zur abendlichen Unterhaltung und bei Festlichkeiten die Hofkapelle zu leiten, Musik für sie zu schreiben und die Musiker zu schulen. Das Hauptgewicht lag dabei, dem Geschmack des Fürsten folgend, auf der Instrumentalmusik. Als Bach nach Köthen kam, standen ihm dort fünfzehn Musiker zur Verfügung: Acht «Kammermusiker» bzw. Solisten bildeten den Kern des Ensembles; sie stellten drei Violinen, Violoncello, zwei Flöten, Oboe, Fagott und (vom Violinisten Abel gespielt) Viola da Gamba. Bach leitete die Musik vom Cembalo aus. Hinzu traten bei Bedarf mehrere «Hof- und Stadtmusiker», zwei Hoftrompeter und ein Paukist. Vokalsolisten findet man in den Besoldungslisten erst etwas später: Den Tenor Christian Heinrich Vetter, der von 1718 bis 1720 als einziger Sänger engagiert war, lösten 1720 zwei «Singe-Jungfern» ab – Töchter des Pagenmeisters Jean François Monjou, die später an der Hamburger Gänsemarkt-Oper Karriere machten. Wenn sich die Gelegenheit ergab, wurden auch durchreisende Virtuosen eingeladen, sich im Schloss hören zu lassen. So erhielt der Hamburger Bassist Johann Gottfried Riemschneider am 16. Dezember 1718 ein Honorar, weil er «einige Wochen» in Köthen verbracht hatte. Offenbar war er bei den Feierlichkeiten rund um den Geburtstag des Fürsten am 10. Dezember aufgetreten, die stets ein Höhepunkt des Jahres am Köthener Hof waren.

Reisen nach Karlsbad

Bachs Wunschvorstellung, seine «Lebenszeit» bei Fürst Leopold «zu beschließen», prägte sich vielleicht erst rückschauend in den Leipziger Jahren aus. In Köthen muss ihm bald deutlich geworden sein, dass er seine Stelle womöglich doch nicht lange würde behalten können, da es mit der Gesundheit des Landesherrn nicht zum Besten stand. Aus den Texten der Festmusiken, die zu Leopolds Geburtstag oder zu Neujahr aufgeführt wurden, klingt immer wieder Besorgnis um sein Wohlergehen, und mehrfach kommt poetisch verbrämt zur Sprache, dass der Fürst bedrohliche Krankheiten glücklich überwunden hat. Was ihm zur Erholung verhalf, waren Brunnenkuren in Karlsbad. Um dort nicht auf seine musikalische Unterhaltung verzichten zu müssen, nahm Leopold im Mai 1718 Bach und sechs Kammermusiker mit auf die Reise, dazu auch das Cembalo der Hofkapelle. Es muss eine kleine Karawane von Kutschen und Gepäckwagen gewesen sein, die sich auf den etwa 220 Kilometer weiten Weg durch Sachsen und über das Erzgebirge nach Böhmen machte.

Um 1718 zeigte Karlsbad sich als gepflegte Kleinstadt mit etwa 300 Häusern, von denen die meisten Logierzimmer und Badestuben für die Kurgäste anboten. Als Treffpunkt des Hochadels besaß der Kurort außerdem elegante Gesellschaftsbauten, in denen prunkvolle Feste veranstaltet wurden. Auch wenn der kränkelnde Fürst Leopold wohl nicht an allen Lustbarkeiten teilnahm, wird er viele Anlässe gefunden haben, um das Köthener Solistenensemble vor seinen Standesgenossen auftreten zu lassen. Da andere adlige Herrschaften ebenfalls von ihren Musikern begleitet ins Bad fuhren, dürften die vier Kurwochen seines Dienstherrn für Bach eine anregende Zeit gewesen sein. Welche Kompositionen Bach und das Köthener Ensemble in Karlsbad musizierten, wurde jedoch nirgends festgehalten. Nicht je-

des Werk muss Bach zum Autor gehabt haben; im Notenfundus
der Hofkapelle waren neben italienischen Meistern mit Sicherheit auch bedeutende deutsche Komponisten der Zeit wie Georg Philipp Telemann oder Johann Christoph Graupner vertreten. Dass Bach als Kapellmeister selbst viel Neues zum Repertoire beitrug, versteht sich – wenn man auch nicht annähernd
genau weiß, wie viele seiner Instrumentalkompositionen aus
den Köthener Jahren stammen. Bis auf wenige Ausnahmen liegen sie nämlich erst in Quellen aus der Leipziger Zeit vor, als
Bach sich viele ältere Werke erneut vornahm, um sie (von 1729
an) für Aufführungen mit seinem Collegium Musicum einzu-
richten. Während die Forschung für Bachs Orchesterwerke,
Konzerte und Kammermusik lange Zeit fast ausschließlich eine
Entstehungszeit zwischen 1717 und 1723 ansetzte, hat sich in
den letzten Jahren ein differenzierteres Bild herauskristallisiert.
Mittlerweile geht man davon aus, dass Frühfassungen etlicher
Köthener Werke bereits in Weimar existierten. An der überra-
genden Bedeutung der Instrumentalmusik für Bachs Schaffen in
Köthen ändert das nichts, denn es gehört zu den charakteristi-
schen Eigenschaften Bachs, eigene Werke nicht als abgeschlos-
sen zu betrachten, sondern sie Revisionen zu unterwerfen und
auch Jahre später an ihrer Vervollkommnung zu arbeiten.

Um 1717 war Bach auch außerhalb des mitteldeutschen Be-
reichs schon so berühmt, dass der Hamburger Musikschriftsteller Johann Mattheson ihn – wie eingangs bereits erwähnt – um
eine Autobiographie für das Musikerlexikon *Grundlage einer
Ehrenpforte* (1740 in Hamburg erschienen) bat. Mit den Aufgaben bei Hofe, dem Unterrichten seiner Privatschüler und der
Kompositionsarbeit war Bach jedoch derart ausgelastet, dass er
für ein Antwortschreiben keine Zeit hatte. Das heute bekannte
Œuvre der Köthener Zeit erscheint zwar im Vergleich mit dem
Umfang seines Schaffens in Leipzig relativ klein, doch ist wie
schon im Fall der Weimarer Jahre anzunehmen, dass ein Teil
von Bachs Kompositionen für die Hofkapelle verloren gegangen ist. Was erhalten blieb, demonstriert in einer einzigartigen
Bandbreite von Besetzungen und musikalischen Formen nicht
nur die Meisterschaft des Komponisten, sondern auch die virtu-

osen Fähigkeiten der Köthener Musiker. Da sie sich weder über-
noch unterfordert fühlen mussten und offenbar keine autoritä-
ren Anweisungen brauchten, scheint es nie zu Auseinandersetzungen zwischen dem Kapellmeister und seinen (hierarchisch
gesehen) Untergebenen gekommen zu sein – im Gegenteil, Bach
fand in einigen Musikern persönliche Freunde, mit denen er
auch von Leipzig aus in Kontakt blieb.

Dagegen gelang es Bach zu seinem Bedauern nie, Georg
Friedrich Händel kennenzulernen. Im Sommer 1719 hörte er,
der Meister aus London sei im 30 Kilometer entfernten Halle
angekommen, um seine Familie zu besuchen. Obwohl er unverzüglich losfuhr, erreichte Bach die Stadt erst, als Händel soeben
abgereist war. Wenige Wochen später hätte sich eine zweite Gelegenheit zu einem Treffen geboten: Händel, Telemann und viele andere Komponisten versammelten sich in Dresden, wo im
September 1719 die Hochzeit des Kurprinzen Friedrich August
mit der Kaisertochter Maria Josepha gefeiert wurde und August
der Starke ein Fest inszenierte, das in ganz Europa Bewunderung erregte. Musik – von Opern und Serenaten über die Kirchenmusik bis zu Volkstänzen – spielte dabei eine überragende
Rolle. Bach hätte nicht weit fahren müssen, um diese einmalige
Aufführungsserie mitzuerleben, dennoch reiste er nicht nach
Dresden. Was hielt ihn davon ab? Es mögen häusliche Sorgen
gewesen sein: Am 26. oder 27. September 1719 starb sein jüngs-
ter, erst zehn Monate alter Sohn Leopold Augustus; vielleicht
ging eine längere Krankheit des Kindes (oder mehrerer Kinder)
voraus. Wahrscheinlich war auch sein Dienstherr leidend und
wollte nicht auf die wohltuenden Darbietungen seiner Hofkapelle unter Bachs Leitung verzichten.

Im Frühsommer 1720 fuhr Fürst Leopold, ernsthaft erkrankt,
wieder in Begleitung seiner Musiker nach Karlsbad. Falls es
dem Fürsten nach der Kur besser ging, dürfte der kleine Hof-
staat in gehobener Stimmung in Köthen eingetroffen sein. Für
Bach wurde die Heimkehr jedoch zum Alptraum: Beim Eintritt
in sein Haus erhielt er die Nachricht, dass Maria Barbara ganz
unerwartet kurz zuvor verstorben war. Ob sie schon begraben
war, wie der *Nekrolog* angibt, oder ob Bach einige Tage vor der

Beerdigung am 7. Juli nach Köthen zurückkam, wie eine Gehaltsquittung nahelegt, wird sich wohl nicht mehr klären lassen. Angesichts der Erschütterung Bachs, der seine Frau «bey der Abreise gesund und frisch verlassen hatte», ist diese Datenfrage irrelevant.

Man kann es als Ironie der Geschichte betrachten, dass Maria Barbara erst durch ihren Tod als Individuum greifbar wird, wenn auch nur als Schattenbild. Kein persönliches Wort Johann Sebastians über sie ist auf uns gekommen. Das jedoch ist kein Zeichen fehlender Liebe; es beweist nur, dass Familienangelegenheiten und Gefühle für Bach etwas ganz Privates waren. Carl Philipp Emanuel, der 1720 sechs Jahre alt war, konnte kaum noch Erinnerungen an seine Mutter haben, als er über dreißig Jahre später im *Nekrolog* die Standardformulierungen verwendete, seine Eltern hätten eine «vergnügte Ehe» geführt und Maria Barbaras Tod sei ein «empfindsamer Schmerz» für seinen Vater gewesen. Dokumentiert sind nur trockene Daten: In zwölfeinhalb Ehejahren brachte Maria Barbara sieben Kinder zur Welt, von denen vier überlebten, darunter die beiden begabtesten Bach-Söhne Wilhelm Friedemann und Carl Philipp Emanuel. Wie tief Bach um seine Frau trauerte, lässt sich – wieder muss man betonen: möglicherweise – indirekt aus einer Komposition erschließen, die in ihrer Frühform auf die Zeit um 1720 datiert wird und so ergeifend von Klage und seelischer Zerrissenheit spricht, dass viele Bach-Spezialisten in ihr eine unmittelbare Reaktion auf den Tod Maria Barbaras sehen. Es ist der erste Teil der *Chromatischen Fantasie und Fuge d-Moll* BWV 903, ein rhythmisch und strukturell völlig freies Cembalowerk. Mit wilden melodischen Gesten und schroffen Modulationen durch entfernteste Tonarten dringt Bach darin zu einem Ausdruck des Schmerzes vor, der so dramatisch in seinem Schaffen nicht wieder vorkommt. Hat er den extremen *Affekt darzustellen versucht, so wie ein Maler das Bild eines Verzweifelten aus künstlerischem Interesse malt, oder hat er in dieser Musik tatsächlich sein Innerstes offengelegt? Wie so oft, entzieht sein Werk sich einer eindeutigen Antwort.

Hamburg oder Leipzig?

Im November 1720 reiste Bach nach Hamburg, wo die Organistenstelle an der Hauptkirche St. Jacobi neu zu besetzen war und sich neben Bach sieben weitere Organisten zum Probespiel gemeldet hatten. Nachdem die Gemeindevorsteher und Hauptpastor Erdmann Neumeister (der Kantatendichter) die Namen am 21. November protokolliert hatten, lieferte Bach noch am gleichen oder am nächsten Tag ein ausgedehntes Probespiel und führte auch seine Kantate *Ich hatte viel Bekümmernis* BWV 21 auf. Prüfungsort war nicht St. Jacobi, sondern die Hauptkirche St. Katharinen, an der immer noch Johann Adam Reincken als Organist tätig war. Doch der Aufenthalt des Köthener Kapellmeisters in der Hansestadt glich mehr einem Gastspiel als einer Bewerbungsreise. Wie Johann Mattheson festhielt, ließ Bach sich in diesen Tagen «auf den meisten und schönsten Wercken tapffer hören», spielte also nicht nur in der Katharinenkirche, sondern probierte auch andere Orgeln aus. Noch im Jahr 1786 erinnerte sich der Organist Jakob Wilhelm Lustig, welch tiefen Eindruck Bachs Spiel hinterließ: «[...] mein Geist wurde zum ersten Male in Flammen gesetzt, als ich diesen Orgelmeister hörte, und sein Landsmann, Hauptpastor und Scholarch Erdmann Neumeister, der berühmte Prediger, der hierbei an der Jakobikirche wirklich eine Stimme im Kapitel hatte, bewegte Himmel und Erde, damit diese Zierde der Stadt nicht entgehen möchte...»

Die übrigen Bewerber waren noch nicht gehört worden, als Bach am 23. November abreisen musste, um die Festmusik für Fürst Leopolds Geburtstag vorzubereiten. Vorerst beriet das Prüfungscollegium am 28. November über ein heikles Thema. Es ging um die Frage, «ob man wolle, daß für den Organisten Dienst Geld gegeben würde?» In Hamburg war nämlich 1712 eine neue Regelung der Ämtervergabe eingeführt worden, nach der Dienste wie die Schreiberämter gegen eine «Anerkennungsgebühr» vergeben wurden. Da die Hamburger Organisten (außer Reincken) auch die Kirchenbücher führten, konnte man ihre Stellen zu dieser Kategorie zählen. Hauptpastor Neumeis-

ter, ein entschiedener Gegner dieses Systems, besaß nicht die
Macht, den raffinierten Beschluss der Kirchenherren von St. Jacobi in dieser Sache zu verhindern: Sie hätten zwar erwogen, so
heißt es im Protokoll, dass der Organistendienst zum Gottesdienst gehöre und deshalb nicht verkauft, sondern dem fähigsten Bewerber gegeben werden sollte. Es spräche jedoch nichts
dagegen, wenn «nach geschehener Wahl der Erwehlte aus
freyen Willen eine Erkäntlichkeit erzeigen wolte». Damit setzte
man sich nicht dem Vorwurf des ungehörigen Ämterverkaufs
aus, konnte aber die Kandidaten schon vorher wissen lassen,
was von ihnen erwartet wurde.

Nachdem drei Organisten zurückgetreten waren, absolvier-
ten die übrigen vier ihr Probespiel. Den vorgesehenen Wahlter-
min am 12. Dezember verschob die Kommission um eine Woche, weil man auf einen Brief von Bach wartete. Hatte man ihm
die Stelle inoffiziell schon zugesichert? Am 19. Dezember lag
die Nachricht aus Köthen vor und wurde im Plenum verlesen.
Sie kann nur eine Absage enthalten haben, da anschließend der
Hamburger Johann Joachim Heitmann mehrheitlich zum neu-
en Organisten gewählt wurde (und kurz nach Neujahr 1721
der Kirchenkasse 4000 Mark übergab). Erdmann Neumeister
machte seinem Ärger wenige Tage später in aller Öffentlichkeit
Luft: Seine Weihnachtspredigt über die himmlische Musik bei
der Geburt Christi endete mit dem von Johann Mattheson
überlieferten Satz, er «glaube gantz gewiß, wenn auch einer von
den Bethlehemitischen Engeln vom Himmel käme, der göttlich
spielte, und wollte Organist zu St. J[acobi] werden, hätte aber
kein Geld, so möge er nur wieder davon fliegen».

Es ist viel darüber diskutiert worden, ob der Grund für Bachs
Rückzug allein in der Höhe der erwünschten «Erkenntlichkeit»
zu suchen ist. Wahrscheinlich kamen noch andere Überlegungen dazu: Bach wird bemerkt haben, dass Reincken eine in
Hamburg einzigartige Stellung genoss. Nur er war vom Kir-
chenschreiberdienst befreit, den die anderen Organisten zu leisten hatten; nur er spielte noch eine bedeutende Rolle im städtischen Musikleben, während seinen Kollegen die Aufführungs-
möglichkeiten von Figuralmusik immer stärker zugunsten des

Stadtkantors beschnitten wurden – kurz, die übrigen Hamburger Organistenstellen hatten ihr Renommee seit Bachs Jugendzeit weitgehend eingebüßt. Ein Wechsel an die Jacobikirche hätte Bach in seiner Karriere nicht weitergebracht, sondern zurückgeworfen. Was ihm von der Fahrt nach Hamburg blieb, war die Erinnerung an eine freundlich-kollegiale Begegnung mit dem Altmeister der norddeutschen Organistenkunst. Reincken hatte ihm für eine halbstündige Improvisation über den Choral *An Wasserflüssen Babylon* ein großes Kompliment gemacht: «Ich dachte, diese Kunst wäre gestorben, ich sehe aber, dass sie in Ihnen noch lebt.» Wenn die Bewerbung auch umsonst gewesen war, konnte Bach als Organist auf das Ergebnis seiner Reise doch stolz sein.

Zu den wenigen von Bach selbst datierten Instrumentalwerken zählen seine bekanntesten Orchesterkompositionen, die *Brandenburgischen Konzerte* BWV 1046–1051. Ihren Namen erhielten sie erst 1873 durch den Bach-Biographen Philipp Spitta; auf dem Titelblatt seiner im März 1721 angefertigten Partitur bezeichnete Bach sie als «Six Concerts Avec plusieurs Instruments» (Sechs Konzerte mit mehreren Instrumenten). Wie der Titel andeutet, handelt es sich um Werke in sehr unterschiedlichen, originellen Besetzungen, die Bach allerdings nicht gänzlich neu komponiert, sondern durch Überarbeitungen älterer Konzerte gewonnen hatte. Ihr Widmungsträger, Markgraf Christian Ludwig von Brandenburg (1677–1734), residierte am Berliner Hof und unterhielt dort als Einziger noch ein Musikerensemble. Bach hatte ihn kennengelernt, als er im März 1719 nach Berlin gereist war, um dort ein neues Cembalo für die Köthener Hofmusik zu kaufen. Dass er dem Markgrafen auf dessen Wunsch vorspielte und den Auftrag erhielt, «einige Stücke» nach Berlin zu senden, geht aus dem Widmungstext eindeutig hervor. Weniger deutlich ist dagegen Bachs Formulierung, er hoffe, in Zukunft «zu Gelegenheiten herangezogen zu werden, die Ihrer [d. h. Christian Ludwigs] und Ihres Dienstes würdiger sind». Man hat darüber spekuliert, ob Bach damit nur seine Bereitschaft zur Lieferung weiterer Konzerte ausdrücken wollte, oder ob seine Zusammenstellung von sechs Meisterwerken als inoffizielle Bewerbung um eine Anstellung als Hofkapellmeister anzusehen ist, nachdem die Hamburg-Reise ihm keine neuen Aussichten eröffnet hatte. Die Reaktion des Markgrafen auf die Widmung ist jedoch nicht bekannt.

Seit im Juni 1721 eine neunzehnjährige Sopranistin aus Weißenfels namens Anna Magdalena Wilcke ihren Dienst als Hofsängerin in Köthen angetreten hatte, war Bach vorerst ohnehin nicht mehr auf eine Ortsveränderung erpicht. Bald nach dem Ablauf seines Trauerjahrs verlobte er sich mit der «Jungfer Wilckens», und am 3. Dezember fand die Trauung statt – nicht in der Agnuskirche, sondern im Haus, wie es bei der Wiederverheiratung von Witwern üblich war. Mit Anna Magdalena, die am 22. September 1721 ihren 20. Geburtstag gefeiert hatte, hatte Bach nicht nur eine neue Mutter für seine vier Kinder gefunden, sondern eine Lebensgefährtin und Mitarbeiterin, ohne die er die Last seiner späteren Aufgaben in Leipzig kaum hätte tragen können. Da sie ebenfalls aus dem Milieu von Organisten, Schulmeistern und Hofmusikern stammte, bedeutete die Heirat für sie keinen abrupten Wechsel der Lebensumstände. Sie konnte zunächst ihre Karriere als Sängerin fortsetzen und trug mit ihrem Gehalt von etwa 200 Talern eine ansehnliche Summe zum Unterhalt der Familie bei. Nur sieben Jahre älter als Bachs Tochter Catharina Dorothea, war sie für ihre Stiefkinder eine sehr junge «Frau Mamma», doch Anna Magdalena war nicht als schüchternes Mädchen, sondern als selbstbewusste, professionelle Künstlerin in Bachs Gesichtskreis getreten. Ihrer neuen Rolle als weibliches Familienoberhaupt scheint sie von Anfang an gewachsen gewesen zu sein. Wie sehr Bach sie auch als Musikerin schätzte, zeigte er ihr bald nach der Heirat mit dem ersten von zwei Notenbüchern, die er für sie anlegte. Das 1722 begonnene *Clavier-Büchlein* enthält u. a. fünf der (später so bezeichneten) *Französischen Suiten* und belegt damit, dass Anna Magdalena auch beachtliche Fähigkeiten im Klavierspiel besaß.

Eine Woche nach seinem Kapellmeister hielt Fürst Leopold Hochzeit: Seine Auserwählte, eine Prinzessin von Anhalt-Bernburg, steht in dem Ruf, für Bachs Weggang von Köthen verantwortlich gewesen zu sein. In dem schon erwähnten Brief von

1730 schreibt Bach es nämlich dieser Eheschließung zu, dass es
«das Ansehen gewinnen wolte, als ob die musicalische *Inclinati-*
on [Neigung] bey besagtem Fürsten in etwas laulicht werden
wolte, zumahln da die neue Fürstin schiene eine *amusa* zu
seyn». Ohnehin nur mit geringen Finanzmitteln versorgt, musste der Fürst jetzt seiner Frau eine Apanage zahlen und auch
sonst mehr Geld für die Repräsentation aufwenden – dass fort-
an Einsparungen bei der Hofmusik fällig wurden, war nicht zu
ändern. Aus Bachs Formulierung spricht aber auch eine gelinde
Eifersucht auf die Frau, die in die ungestörte Musikwelt des Köthener Schlosses eingedrungen war und ihren Gatten von seinem ehemaligen Hauptinteresse ablenkte.

Es war wohl nicht allein die Unzufriedenheit mit der Situation der Hofmusik, die Bach dazu bewog, sich nach einer anderen Anstellung umzusehen. Ein weiterer Grund dürften die un-
genügenden Schulverhältnisse in Köthen gewesen sein. Als Bach
davon hörte, dass nach dem Tod Johann Kuhnaus das Amt des
Thomaskantors und Universitätsmusikdirektors in Leipzig neu
zu besetzen war, sah er eine Chance, in eine der bedeutendsten
Städte des Deutschen Reiches zu wechseln, wo kein Mangel an
exzellenten Bildungseinrichtungen für seine Söhne herrschte.
Wahrscheinlich ging er jedoch zunächst davon aus, dass Georg
Philipp Telemann Kuhnaus Nachfolge antreten würde. Ihn lud
der Leipziger Rat im August 1722 zu einer Kantoratsprobe ein
und wählte ihn einstimmig, doch Telemann wollte seine erst
1721 angetretene Stellung als Kantor, Musikdirektor und
Operndirektor in Hamburg nicht aufgeben. Bestärkt durch eine
Gehaltserhöhung, sagte er im November 1722 den Leipziger
Ratsherren ab. Nun meldeten sich neue Kandidaten, von denen
einige bereits Ende November ihre Probe ablegten. Bei einer Sitzung der Wahlkommission am 21. Dezember berichtete der
Bürgermeister Dr. Gottfried Lange, auch der Darmstädter Hofkapellmeister Christoph Graupner und «Bach in Köthen» hätten sich angemeldet. Offenbar hatte der fürstliche Kapellmeister
seine Bewerbung hinausgezögert, denn die mögliche Entschei-
dung zwischen Hofdienst und städtischem Amt fiel ihm nicht
leicht.

Vom Kapellmeister zum Kantor

Es ist ein Glücksfall, dass unter den wenigen persönlichen Briefen Bachs sein schon mehrmals erwähntes autobiographisches Schreiben an Georg Erdmann vom 28. Oktober 1730 erhalten geblieben ist. Von Leipzig und dem Thomaskantorat enttäuscht, blickt Bach darin auf jenen entscheidenden Moment in seinem Leben zurück, als er seine Stellung bei Hofe aufgab, um in den Dienst einer Stadt zu treten: «[...] so fügte es Gott, daß [ich] zu hiesigem Directore Musices und Cantore an der Thomas Schule vociret wurde. Ob es mir nun zwar anfänglich gar nicht anständig seyn wolte, aus einem Capellmeister ein Cantor zu werden, weßwegen auch meine resolution auf ein vierthel Jahr trainirete, jedoch wurde mir diese station dermaßen favorable beschrieben, daß endlich (zumahln da meine Söhne denen studiis zu incliniren schienen) es in des Höchsten Namen wagete, u. mich nacher Leipzig begabe, meine Probe ablegete, u. so dann die mutation vornahme. Hieselbst bin nun nach Gottes Willen annoch beständig.»

Ein Kapellmeister war nach der Definition Johann Matthesons «ein gelehrter Hofbeamter und Componist im höchsten Grad: welcher eines Kaisers, Königs oder großen Fürstens und Herrn geist- und weltliche Musiken verfertiget, anordnet, regiret und unter seiner Aufsicht vollziehen läßt» – also eine Autoritätsperson, die in ihrem Wirkungsbereich ein großes Maß künstlerischer Freiheit genoss. Was hatte Bach nicht in seinen Köthener Jahren ausprobieren und ohne Zeitdruck ausarbeiten können: Neben den *Brandenburgischen Konzerten* waren exquisite Werkzyklen wie die *Sonaten und Suiten für Solo-Violine* BWV 1001–1006 und die *Suiten für Solo-Violoncello* BWV 1007–1012 entstanden, ebenso die *Französischen Suiten* BWV 812–817 für Cembalo und der erste Teil (BWV 846–869) des *Wohltemperierten Klaviers* – jener epochalen Sammlung von Präludien und Fugen in allen Tonarten, die Robert Schumann ein Jahrhundert später «das Werk aller Werke» nannte. Dass Bach auch (verschollene) Solokonzerte und Kammermusik für die Virtuosen der Hofkapelle schrieb, darf als sicher gelten.

Sein Schaffen in Köthen war keinesfalls auf reine Instrumentalmusik beschränkt: Für den reformierten Gottesdienst wurden zwar nur in Ausnahmefällen geistliche Kantaten verlangt, doch weltliche Kantaten und Serenaten kamen regelmäßig während der Geburtstagsfeier des Fürsten sowie am Neujahrstag zur Aufführung. Köthen hätte für Bach das Sprungbrett sein können, um eine Anstellung an einem größeren Hof zu finden, wo vielleicht auch das Komponieren von Opern zu seinen Aufgaben gehört hätte. Vermutlich beurteilte er seine Position um 1720 ganz ähnlich wie Georg Philipp Telemann, der in seiner Autobiographie von 1718 den Hofdienst noch überschwenglich lobte: «Ist etwas in der Welt, wodurch der Geist des Menschen aufgemuntert wird, sich in dem, was er gelernet, immer geschickter zu machen, so wird es wohl der Hof seyn. Man suchet die Gnade derer Grossen, die Höfflichkeit derer Edlen und die Liebe nebst der Hochachtung derer übrigen Bedienten zu erlangen, und läßt sich keine Mühe verdriessen, seinen Zweck zu erreichen, zumahl wenn man noch bey denen Jahren ist, die zu solchen Unternehmungen das benöthigte Feuer haben.»

Als Kantor war man, wieder Mattheson folgend, kein Beamter von Rang, sondern «ein musikgelehrter Kirchen- und Schulbedienter, der die Jugend ordentlich-bestellter Weise in guten Anfangs-Gründen, absonderlich aber in der Singekunst unterrichtet, der Composition wohl erfahren seyn, die Kirchenmusik bestens besorgen, und derselben vorstehen muß: zum Lobe des Höchsten, zur Erbauung der Gemeine, und rühmlicher Erziehung der Schüler». Wenn auch das Prestige einer solchen Stelle nicht so hoch war wie das Hofamt, hatte ein städtischer Posten (wie auch Telemann bald erkannte) doch beachtliche Vorteile: Johann Beer (1655–1700) gab in seinen *Musicalischen Discursen* zu bedenken, dass die Arbeitssituation in einer Stadt krisenfester sei als dort, wo nur ein Einziger das Sagen habe. Auch seien die Städte aus Prestigegründen sehr daran interessiert, gute Künstler an sich zu ziehen, würden allerdings geringere Honorare als die Höfe zahlen. Dafür habe man jedoch «in denen Republiquen (welches ein grosses ist) vor seine Kinder *Stipendia* zu hoffen/ bey Hofe nicht/ oder gar selten. Was ist aber

dieses/ die Seinigen versorgen können? Dieser Punct übertrifft
alle obige» – und war auch für Bach als Familienvater von
höchster Bedeutung.

Pragmatische Argumente sprachen also für die Bewerbung
um das Thomaskantorat. Dennoch klingen Bachs Worte über
den Stellenwechsel so, als habe er sich dabei ganz und gar nicht
wohl gefühlt. Es fällt auf, dass er innerhalb weniger Zeilen drei-
mal Gott ins Spiel bringt – nicht um ihm für die Stelle zu danken, sondern wie jemand, der sich in sein Schicksal fügt. Bach
kannte seine Bibel, sicherlich auch das Buch der Sprüche: «Verlass dich auf den Herrn von ganzem Herzen und verlass dich
nicht auf deinen Verstand, sondern gedenke an ihn in allen deinen Wegen, so wird er dich recht führen» (Spr. 3, 5 + 6). Ebenso
gewiss sah er sich als Christ in der Pflicht, dort sein Bestes zu
tun, wo Gott ihn hinstellte. Schon um 1707/08 hatte er eine Or-
gelpartita über Johann Heermanns Choral *O Gott, du frommer
Gott* geschrieben, in dem dieses Verständnis einer Lebensaufga-
be zum Ausdruck kommt:

> Gib, daß ich tu mit Fleiß, was mir zu tun gebühret,
> Wozu mich dein Befehl in meinem Stande führet!
> Gib, daß ich's tue bald, zu der Zeit, da ich soll,
> Und wenn ich's tu, so gib, daß es gerate wohl! (Strophe 2)

Als Pastor wusste Heermann allerdings auch, dass die Erfüllung
gottgewollter Dienste nicht immer leichtfiel, und schloss einen
aus der Erfahrung geborenen Wunsch an:

> Hilf, daß ich rede stets, womit ich kann bestehen,
> Laß kein unnützes Wort aus meinem Munde gehen;
> Und wenn in meinem Amt ich reden soll und muß,
> So gib den Worten Kraft und Nachdruck ohn' Verdruß! (Strophe 3)

Von Verdruss, gar «stetem Verdruss», spricht auch Bach im
Brief an Erdmann. Verdruss – heute würde man von Frustra-
tion sprechen – war offenbar eine im Musikleben seiner Zeit
so verbreitete Erscheinung, dass Mattheson in seinem Buch

Der Vollkommene Capellmeister (1739) in einem Abschnitt über den «Vorsteher der Music» eigens darauf einging: «Wenn einer nicht solche Lust oder recht innigliche Liebe zur Sache hat, daß er manchen Verdruß darüber verbeissen kann, und sich von seinem löblichen Vorhaben keine Widerwärtigkeit abwendig machen läßt; so ist er zur Ausbildung dieser Wissenschafft und des dazu gehörigen Amts gar nicht geschickt. Es werden einem ja, bey der Music und ihrem Betriebe, die wenigsten Rosen in den Weg geleget; vielmehr suchen Personen von Ansehen und Vielgültigkeit [...] das gantze Wesen auf das möglichste zu unterdrücken und zu verkleinern, und zwar offt eben diejenigen, die es nach äussersten Kräfften befördern und anfrischen sollten, wie GOtt und die Vernunfft befehlen [...] Bey dergleichen Umständen und Anfällen muß nun ein Vorgesetzter [der Musik] seiner Hertzhafftigkeit zusprechen, andern ein munteres Beispiel geben, und in sich selbst so viel Vergnügen aus dieser edlen Beschäfftigung zu schöpffen wissen, daß er iederzeit im Stande sey, aller Hindernisse ungeachtet, seine grösseste Ruhe in der Harmonie zu finden, und seinen Geist zu erquicken.»

Wer wie Bach zahlreiche Berufsmusiker in der eigenen Familie hatte, machte sich über die Rosen auf dem Weg keine Illusionen. Er kalkulierte den Verdruss ein, der oft genug durch die eigenartige dienstliche Stellung eines Kantors entstand: Als Lehrer an einer höheren städtischen Schule war er Angestellter der Stadtverwaltung, leistete aber einen großen Teil seines Dienstes in der Kirche und unterstand dabei der Aufsicht einer geistlichen Behörde. Obwohl politische und kirchliche Gemeinde zu Bachs Zeit sehr eng miteinander verknüpft waren, drohten einem Kantor fast unabänderlich Konflikte mit der einen oder der anderen Autorität – vor allem dann, wenn die obersten Gremien untereinander zerstritten waren. Überdies konnte Bach voraussehen, dass er im Fall seiner Wahl auf Schwierigkeiten stoßen würde, weil ihm das für das Thomaskantorat notwendige Universitätsstudium fehlte. Andererseits waren Bachs Selbstbewusstsein und seine «Hertzhafftigkeit» stark genug, um in einer geglückten Bewerbung die Gelegenheit zu sehen, für sich selbst ein neues Aufgabenfeld zu erschließen und dem Musikleben einer berühmten, weltoffenen Stadt seinen Stempel aufzudrücken.

7. Als Thomaskantor in Leipzig: Die ersten Amtsjahre 1723–1726

Nach Neujahr 1723 stand in Leipzig fest, dass Christoph Graupner (1683–1760) der Favorit für die Neubesetzung des Thomaskantorats war. Als vielseitiger Komponist bekannt und auch akademisch qualifiziert, wurde er zunächst als Einziger nominiert. Da aber niemand wusste, ob der Landgraf von Hessen-Darmstadt seinen Kapellmeister freigeben würde, beschloss der Rat, auch den Magdeburger Kantor Christian Friedrich Rolle und Bach einzuladen. Diese drei Kandidaten sollten bei ihren Vorstellungen lediglich Kantatenaufführungen leiten; die übliche schulische Unterrichtsprobe wurde ihnen erlassen. Prinzipiell gehörte das Erteilen von Musik- und Lateinunterricht an der Thomasschule zu den Pflichten des Kantors, doch die Prüfer hatten bereits bemerkt, dass gerade die besten Musiker nicht unterrichten wollten oder konnten, und erörterten, ob die Lehrverpflichtung nicht zukünftig vom Kantorenamt getrennt werden sollte. Dafür stimmte eine progressiv eingestellte Gruppe unter der Führung des Bürgermeisters Dr. Gottfried Lange, der darauf hinwies, dass nur die Berufung eines berühmten Musikers die Studenten dazu bewegen würde, weiterhin ohne Entgelt bei der Kirchenmusik mitzuwirken. Die Traditionalisten befürworteten dagegen die Wahl eines akademisch gebildeten Schulmeister-Kantors, ungeachtet seiner Bekanntheit als Komponist.

Graupner hielt Mitte Januar seine Probe ab; Anfang Februar folgten der Leipziger Organist Georg Balthasar Schott (anstelle Rolles, der abgesagt hatte) und Bach. Nur Graupner und Bach wurden gebeten, jeweils zwei Kantaten aufzuführen, was schon für eine Vorauswahl unter den Kandidaten spricht. So präsentierte Bach am 7. Februar seine Kantaten *Jesu nahm zu sich*

die Zwölfe BWV 22 und *Du wahrer Gott und Davids Sohn*
BWV 23 – zwei Werke von jeweils etwa 20 Minuten Dauer, von
denen sich BWV 23 durch einen besonders umfangreich ausge-
arbeiteten Schlusschor auszeichnet. Als Nachweis seiner musik-
pädagogischen Fähigkeiten legte Bach möglicherweise drei spe-
ziell für Klavier- und Orgelschüler geschriebene Sammlungen
vor: den ersten Teil des *Wohltemperierten Klaviers*, die zwei-
stimmigen *Inventionen* BWV 772–801 und das *Orgel-Büchlein*.

Nachdem feststand, dass Graupner in Darmstadt bleiben
musste, wurde Bach in die engere Wahl gezogen und am 22. April
1723 mehrheitlich gewählt. Sein Dienstherr, Fürst Leopold von
Anhalt-Köthen, hatte ihn nicht nur in Gnaden entlassen, sondern dem «Wohlgelahrten Johan Sebastian Bachen» auch noch
ein freundliches Empfehlungsschreiben mit auf den Weg gegeben. Bevor Bachs Anstellung bestätigt wurde, musste er noch in
einer theologischen Examination seine Bibelkenntnis und Treue
zum orthodoxen Protestantismus unter Beweis stellen. Was das
Unterrichten betraf, fand man zu einem Kompromiss: An den
Verpflichtungen des Thomaskantors änderte sich formell nichts;
Bach durfte aber auf eigene Kosten einen Lehrer der Thomasschule als Vertreter für die Schulstunden einsetzen.

Am Mittag des 22. Mai 1723 trafen vier Frachtwagen aus
Köthen mit Bachs Hausrat in Leipzig ein; zwei Stunden später
kam der neue Thomaskantor mit seiner Familie an und bezog
die frisch renovierte Dienstwohnung im Thomasschulhaus.
Nach fünfeinhalb Jahren in der kleinen Fürstenresidenz übersiedelte er nun in eine Stadt mit 35000 Einwohnern, in der drei-
mal jährlich die größte Handelsmesse Europas stattfand. Seit
1409 gab es in Leipzig eine Universität; zu Bachs Zeit war die
Stadt auch Sitz von neun Banken, zahlreichen Buchverlagen,
Bibliotheken und wissenschaftlichen Institutionen von Rang –
kurz, Leipzig galt als merkantiles und geistiges Zentrum
Deutschlands. Zwei Jahre nach Bachs Amtsantritt rühmte der
anonyme Verfasser eines Reiseführers die Stadt als «Auge des
Churfürstenthums, die Mutter der Musen unsers Sachsen-Lan-
des, der Ausbund aller *Civilité* [Höflichkeit] und die Lehrmeis-
terin aller Sitten, die Perle der sächsischen Kauffmanschafft, die

Abb. 2: Thomaskirche und Rückseite der Thomasschule in Leipzig.
Bleistiftzeichnung von Felix Mendelssohn Bartholdy, 1843

Nahrung der gantzen Handlung, wo nicht nur gantz Europa, sondern auch Asia, Africa und America aus der Ferne seine Kunst-Waaren zusammen schüttet», und fügte noch hinzu: «Sie lieget an einer sehr fruchtbaren und anmuthigen Ebene in gesunder temperirter Lufft.»

Die Thomasschule, Bachs Zuhause für die restlichen 27 Jahre seines Lebens, war in einem mehrstöckigen Gebäude neben der Thomaskirche untergebracht. Im mittleren Teil des Hauses befanden sich die Schulräume, auf der rechten Seite wohnte der Rektor, auf der linken der Kantor. Bach und seiner Familie standen Wohn- und Wirtschaftsräume in drei Geschossen zur Verfügung, wobei die große Wohnstube, die Küche, das Elternschlafzimmer und zwei Arbeitszimmer im 1. Stock lagen. Als Komponierstube richtete Bach sich das hintere Eckzimmer ein, wo er die nötige Ruhe fand, während sich in anderen Räumen die Anwesenheit von mehr als 150 Schülern in unmittelbarer

Nachbarschaft bemerkbar gemacht haben wird. Fünfundfünf-
zig dieser Knaben waren Chorschüler (Alumnen) und wohnten
in der Schule wie in einem Internat. Aufgeteilt in vier Chöre,
mussten sie als Gegenleistung für Kost und Logis an Sonn- und
Feiertagen in vier Leipziger Kirchen (St. Thomae, St. Nikolai,
Neue Kirche und St. Petri) singen. Man verwöhnte sie keineswegs; ihre Betten standen im ungeheizten Dachgeschoss. Es ent-
ging Bach nicht, dass das alte Schulgebäude renovierungsbe-
dürftig war und die hygienischen Verhältnisse sehr zu wünschen
übrig ließen. Schon sein Amtsvorgänger Johann Kuhnau hatte
sich über Ratten und Mäuse beklagt und Eingaben an den Rat
gerichtet, weil die Chorschüler von Krätze befallen und vor allem im Winter so häufig krank waren, dass die Musikpflege
darunter litt.

Kurz vor dem Umzug hatte Anna Magdalena ihr erstes Kind,
Christiana Sophia Henrietta, zur Welt gebracht, so dass nun
drei Söhne und zwei Töchter zur Familie gehörten. Bach konnte
ihnen nur wenig Zeit widmen, denn in Leipzig übernahm er
Aufgaben und Verpflichtungen in einem Ausmaß, wie er es bis
dahin noch nicht gekannt hatte. Sein Werktag begann um fünf
Uhr morgens, im Winter um sechs Uhr. Vormittags erteilte er
seinen Privatschülern Unterricht, hielt montags, dienstags und
mittwochs um 9 und um 12 Uhr sowie am Freitagmittag Singstunden für alle Thomaner ab und gab nachmittags besonders
begabten Schülern Einzelunterricht. Freitags musste er bei einer
Morgenandacht von 7 bis 8 Uhr anwesend sein; innerhalb der
Woche hatten die Thomaner in verschiedenen Gruppierungen
bei Hochzeiten und Begräbnissen zu singen, die allgemein auf
den Nachmittag (nach dem Schulschluss um 15 Uhr) gelegt
wurden. Nur am Sonnabend war es möglich, zwischen 14 und
16 Uhr eine vollständige Probe für die sonntägliche Gottes-
dienstmusik abzuhalten.

Die Fastenzeiten vor Ostern und Weihnachten ausgenom-
men, hatte Bach an jedem Sonn- und Feiertag eine Kantate aufzuführen, und zwar wöchentlich wechselnd in den Hauptkirchen St. Thomae und St. Nikolai. Daran war nur der erste Chor
mit den besten Alumnen beteiligt; die Instrumentalisten rekru-

tierten sich aus dem Stadtmusik-Collegium und einer kleinen Schar musizierfreudiger Studenten, ohne deren Mithilfe Bach die umfangreichen Besetzungen seiner Werke nicht hätte realisieren können. Wenn eine Kantate gesungen wurde, begann der Gottesdienst um 7 Uhr morgens, damit die Predigt vor 8 Uhr anfangen konnte. War die Kantate zweiteilig, wurde der zweite Teil nach der Predigt musiziert. An normalen Sonntagen dauerte Bachs Dienst bis zum Mittag, an hohen Festtagen (davon gab es sechzehn im Jahr) wurde die «Haupt-Musik» des Vormittagsgottesdienstes jedoch in der Nachmittagsvesper der anderen Hauptkirche wiederholt. Insgesamt leitete Bach alljährlich etwa sechzig Kantatenaufführungen, von denen die Komposition zum Ratswechsel im August als städtische Festmusik besondere Aufmerksamkeit fand. Ein zweiter Höhepunkt war die Passionsmusik am Karfreitag.

Alternierend mit dem ersten Chor sang in der jeweils anderen Hauptkirche der zweite Chor unter Leitung eines Präfekten, d. h. eines Assistenten des Kantors. Ein dritter Chor brachte in der Neukirche einfache Motetten und Choralsätze zu Gehör, während der vierte, in der Peterskirche tätige Chor aus den unbegabten Schülern bestand, die nur einstimmige Choräle singen konnten. Bach musste diese Chöre zwar nicht selbst leiten, war aber für die Ausbildung aller Sänger sowie die Auswahl der Präfekten verantwortlich, was häufig für Ärger sorgte. Ähnlich stand es mit Bachs Verpflichtungen an der Universitätskirche (Paulinerkirche): Vor 1710 hatte es dort nur am ersten Weihnachts-, Oster- und Pfingsttag und am Reformationstag Gottesdienste gegeben. Dabei war traditionell der jeweilige Thomaskantor (neben seinen Aufführungen in den Hauptkirchen an den gleichen Tagen!) für die Musik zuständig. Weil aber die Universität inzwischen allsonntägliche Gottesdienste eingeführt und im Frühjahr 1723 einen eigenen Musikdirektor ernannt hatte, musste Bach sich auf Auseinandersetzungen um seinen Aufgabenbereich an der Paulinerkirche und das damit verbundene Gehalt einstellen.

Als Mitglied des Lehrerkollegiums übernahm der Kantor obendrein in jedem Monat eine Woche lang den Inspektoren-

dienst an der Schule: Bach führte alle vier Wochen persönlich
Aufsicht über die Alumnen und sorgte dafür, dass sie vom Mor-
gengebet um kurz nach 5 Uhr an ihren streng geordneten Tages-
ablauf befolgten, die Hausaufgaben erledigten und nach dem
Abendgebet um 20 Uhr kein brennendes Licht ins Dachgeschoss
mitnahmen. Waren Schüler krank, sah er nach ihnen und zog,
wenn nötig, einen Arzt zu Rate. Welche Auswirkungen diese
Verpflichtung beim Auftreten von Infektionskrankheiten auf
seine eigenen Kinder hatte, lässt sich denken.

Für die gewaltige Dienstlast erhielt Bach ein Grundgehalt von
etwas mehr als 100 Talern im Jahr, d. h. nur ein Viertel seines
Einkommens in Köthen. Er genoss jedoch den Vorteil, mietfrei
im Schulgebäude wohnen zu können, erhielt Naturalien und
nahm bei Begräbnissen und Hochzeiten, auf denen der Schul-
chor sang, weitere Honorare ein. Wurde er mit der Komposition von Gelegenheitswerken beauftragt, konnte er mit teilweise
beachtlichen Extrazahlungen rechnen; so brachte ihm z. B. die
Trauerode für Kurfürstin Christiane Eberhardine (1727) 50 Taler ein. Geringe, aber regelmäßig eingehende Zinsanteile aus
Stiftungen zugunsten der Thomasschule trugen ebenfalls zu seinem Jahresverdienst bei. Wie hoch die Summe war, die durch
den Unterricht der Privatschüler zusammenkam, ist nicht exakt
zu beziffern, da sie eine Pauschale für die «Information», Unterbringung und Verpflegung bezahlten. Schon in Weimar hatte
Bach dafür einen Jahresbetrag von 100 Talern genommen; mindestens 40 Taler davon dürfte er für sich verbucht haben. Einschließlich der Vergütungen für Orgelgutachten, Gebühren für
das Ausleihen seiner Cembali und Kommissionszahlungen für
Notendrucke, die er im Auftrag anderer Komponisten vertrieb,
erreichte er ein durchschnittliches Jahreseinkommen von etwa
700 Talern. Damit ließ es sich in gutbürgerlichem Wohlstand
leben, obwohl Leipzig eine sehr teure Stadt war und Anna Magdalena nicht länger als Sängerin mitverdienen konnte. Doch die
wachsende Kinderschar erforderte Vorsorge – die Söhne sollten
studieren, die Töchter bei ihrer Heirat eine angemessene Mitgift
erhalten. Bach tat sein Möglichstes, um seine Position zu festi-
gen und dadurch auch die Zukunft seiner Familie zu sichern. In

den ersten Leipziger Jahren stürzte er sich mit anscheinend un-
erschöpflicher Energie in seine Arbeit.

Zwischen Pflichtaufgaben und künstlerischer Eigenständigkeit

In der Vorstellung vieler Musikfreunde bestand Bachs Haupttä-
tigkeit als Thomaskantor darin, dass er jede Woche eine Kantate schreiben musste. Annähernd so verhielt es sich tatsächlich,
allerdings nur in den ersten vier oder fünf Jahren. Zu seinem
Amtsantritt führte Bach am 30. Mai 1723 in der Nikolaikirche
die Kantate *Die Elenden sollen essen* BWV 75 auf, eine Woche
später folgte *Die Himmel erzählen die Ehre Gottes* BWV 76. Wie
der *Nekrolog* angibt, komponierte Bach in Leipzig insgesamt
«fünf Jahrgänge von Kirchenstücken, auf alle Sonn- und Festta-
ge», mithin etwa 300 Kantaten. Ob es tatsächlich fünf Zyklen
waren und ob sie vollständig vorlagen, weiß man nicht. Sicher
ist nur, dass die heute bekannten gut 200 Kirchenkantaten nicht
das gesamte Schaffen Bachs in diesem Genre darstellen. Obwohl diese Anzahl schon groß erscheint, wurde Bach, was die
Quantität betraf, von anderen Kantaten-Komponisten seiner
Generation noch weit übertroffen: Gottfried Heinrich Stölzel,
Hofkapellmeister in Gotha, schrieb etwa 1150 Kantaten; Johann Christoph Graupner führte in Darmstadt über 1400 eigene Kantaten auf. Während diese Werke (wie auch Bachs Kantaten) nur als Manuskripte vorhanden waren, ließ Georg Philipp
Telemann einen Teil seiner insgesamt etwa 1200 Kantaten pub-
lizieren und erzielte damit einen großen Geschäftserfolg. Bei
der Beurteilung der Qualität dieses gewaltigen Repertoires
darf man nicht in den Fehler verfallen, alle nicht von Bach
stammenden Kantaten für minderwertig zu halten – immerhin
galten einige Telemann-Kantaten lange als Werke des Thomaskantors. Bach selbst wusste die Kompositionen seiner Zeitgenossen durchaus zu schätzen: Er führte in verschiedenen Jahren
auch Kantaten von Telemann, Reinhard Keiser, seinem Meininger Verwandten Johann Ludwig Bach (1677–1731) und anderen in den Leipziger Sonntagsgottesdiensten auf.

Schon von Bachs Amtsvorgänger Johann Kuhnau hatten
die Leipziger Kirchgänger Kantaten in der modernen Form
mit instrumentaler Einleitung, Chorsätzen, Rezitativen, Arien
und Chorälen gehört. In ihrer Erwartung, der neue Kantor
werde diese Tradition fortsetzen, die musikalischen Möglichkeiten dabei aber auch ausweiten, wurden sie nicht enttäuscht:
In Bachs Kantaten verbanden sich «die gemischten *madri-
galischen Textvorlagen mit einer neuartigen Musiksprache,
die eine zuvor nicht gekannte Expressivität und die Ausbildung weiträumiger Formen ermöglichte. Dass mit dem Kanto-
ratswechsel 1723 in Leipzig ein neues musikalisches Zeitalter
anbrechen würde, signalisierten bereits die ersten von Bach
zu Gehör gebrachten Kantaten – große zweiteilige Werke mit
nicht weniger als vierzehn Sätzen und einer farbenreichen,
exquisiten Instrumentalbesetzung» (Peter Wollny). Die individuelle Ausgestaltung dieser Werke war jedoch kein Selbst-
zweck, sondern diente im Sinn Luthers der Verkündigung und
der Lehre, da jede Kantate unmittelbar auf den vorgeschrie-
benen Evangelientext des jeweiligen Sonntags bzw. Feiertags
Bezug nimmt und ihn poetisch-musikalisch auslegt. In den
meisten Fällen wird eine Passage aus der Lesung im Eingangschor wiederholt. «Diese dient», so Christoph Wolff, «als Aus-
gangspunkt für Erläuterungen der Heiligen Schrift, der Glau-
benslehre und theologischer Zusammenhänge [...]», die wiederum in Form von Rezitativen und Arien «zu Betrachtun-
gen darüber führen, welche Konsequenzen sich aus der
betreffenden Bibelstelle für eine wahrhaft christliche Lebens-
führung ziehen lassen. [...] Der Text endet dann mit einem
Gebet der Gemeinde in Form einer Liedstrophe (Choral).»
Zuständig für die Auswahl der Kantatentexte war Bach selbst,
der sich dabei von einem hoch entwickelten Bewusstsein für
poetisches Niveau und theologische Korrektheit leiten ließ. Er
überwachte auch den Druck der Libretti, die von den Hörern
nicht nur zum Mitlesen während der Aufführung, sondern
auch als Andachtslektüre erworben wurden. Da Bach die Auf-
lage jeweils vorfinanzieren musste, durfte er die Hefte mit
Gewinn verkaufen. Ein Teil davon trug zu seinem Einkommen

bei, ein anderer Teil stand für die Honorierung von Gastmusikern zur Verfügung.

Auch in Leipzig stellte die Ratswahl ein hervorgehobenes Ereignis im Jahreslauf der Stadt dar. Der Festgottesdienst, der am Montag oder Freitag nach dem Bartholomäustag (24. August) in der Nikolaikirche abgehalten wurde, diente nicht nur der innerstädtischen Repräsentation, sondern demonstrierte gleichzeitig Leipzigs Eigenständigkeit gegenüber Dresden: Als Nebenresidenz nahm Leipzig den zweiten Rang nach der Residenzstadt ein, doch als Handelsmetropole suchte es weit und breit seinesgleichen und finanzierte mit seinem Steueraufkommen einen beträchtlichen Teil des aufwendigen Hoflebens der sächsischen Herrscher. Spätestens seit mit der Konversion Augusts des Starken (1697) der katholische Glaube in Dresden Wurzeln geschlagen hatte, fühlten sich die fleißigen Leipziger Bürger dem leichtlebigen Dresden moralisch überlegen: Leipzig war zu Bachs Zeit gewissermaßen die inoffizielle protestantische Hauptstadt des Kurfürstentums.

Mit seiner ersten Leipziger Ratswahlkantate *Preise, Jerusalem, den Herrn* BWV 119 zeigte Bach, dass er als Kantor für Stadt und Rat ebenso imponierende Musik bereitstellen konnte wie ein Hofkapellmeister für einen Landesherrn. Seine Festkantate übertraf an Umfang und instrumentaler Pracht alle bisherigen Ratswahlmusiken; schon der Einsatz von vier Trompeten statt der üblichen zwei oder drei machte den Autoritätsanspruch dieser Musik bzw. ihrer Auftraggeber deutlich. Unter gravitätischen Klängen, wie sie andernorts für regierende Fürsten geschrieben wurden, zogen die Leipziger Bürgermeister und Ratsherren in die Kirche ein. Welch bedeutende, aber auch verantwortungsvolle Rolle ihnen in der Weltordnung zukam, durften sie in einer Arie hören, die im Mittelpunkt der Kantate steht und die barocke Auffassung von Staatswesen und Regierungsgewalt einprägsam zusammenfasst:

Die Obrigkeit ist Gottes Gabe,
Ja selber Gottes Ebenbild.
Wer ihre Macht nicht will ermessen,

> Der muss auch Gottes gar vergessen:
> Wie würde sonst sein Wort erfüllt.

Bach betrachtete es als seine Pflicht, den Ruhm der Stadtväter in Tönen zu verkündigen. Er wird jedoch vorausgesehen haben, dass er als Künstler, der in Angelegenheiten seiner Arbeit höchst empfindlich auf Behinderungen und Widerspruch reagierte, auch in Leipzig bald in Konflikte mit der Obrigkeit geraten sollte.

Im Dezember 1723 spürte Bach erstmals, welche Belastung die Hauptfeste des Kirchenjahres von nun an für ihn, die Sänger und die Instrumentalisten darstellten. Der Dienstplan für die drei Weihnachtstage sah folgende Aufführungen vor (nach Christoph Wolff):

25. Dezember – 1. Weihnachtstag

7.00 Uhr	Thomaskirche	Kantate *Christen, ätzet diesen Tag* BWV 63
		Sanctus D-Dur BWV 238 (**NEU**)
9.00 Uhr	Paulinerkirche	Kantate *Christen, ätzet diesen Tag* BWV 63
13.30 Uhr	Nikolaikirche	Kantate *Christen, ätzet diesen Tag* BWV 63
		Magnificat Es-Dur BWV 243a

26. Dezember – 2. Weihnachtstag

7.00 Uhr	Nikolaikirche	Kantate *Darzu ist erschienen der Sohn Gottes* BWV 40 (**NEU**)
		Sanctus D-Dur BWV 238
13.30 Uhr	Thomaskirche	Kantate *Darzu ist erschienen der Sohn Gottes* BWV 40
		Magnificat Es-Dur BWV 243a

27. Dezember – 3. Weihnachtstag

| 7.00 Uhr | Nikolaikirche | Kantate *Sehet, welch eine Liebe* BWV 64 (**NEU**) |

Um das Pensum überschaubar zu halten, griff Bach für den 1. Weihnachtstag auf die schon in Weimar entstandene Kantate BWV 63 zurück. Auch das *Magnificat* Es-Dur BWV 243a lag bereits vor und war den Leipziger Musikern bekannt. Wie der Bach-Forscher Andreas Glöckner gezeigt hat, schrieb Bach das strahlend heitere Werk bereits für das Fest Mariae Heimsuchung am 2. Juli 1723 und richtete es ein halbes Jahr später für das Weihnachtsfest ein. Vier Tage nach dem 3. Weihnachtstag 1723 war zum Neujahrstag 1724 die nächste neue Kantate fällig (*Singet dem Herrn ein neues Lied* BWV 190), einen Tag später, am Sonntag nach Neujahr, folgte die ebenfalls neue Kantate *Schau, lieber Gott, wie meine Feind* BWV 153, wiederum vier Tage später wurde Epiphanias (6. Januar) mit der neuen Kantate *Sie werde aus Saba alle kommen* BWV 65 gefeiert, und drei Tage danach war am 1. Sonntag nach Epiphanias die vierte neue Kantate innerhalb von neun Tagen zu hören (*Mein liebster Jesu ist verloren* BWV 154). Nicht nur die Musiker, sondern auch die Notenkopisten – zu denen neben einigen fortgeschrittenen Schülern auch Anna Magdalena Bach gehörte – dürften froh gewesen sein, wenn nach dieser Kette von Feiertagen die übliche Routine wieder einkehrte. Außerdem musste «Frau Bachin» sich bald wieder um ein Neugeborenes kümmern: Am 26. Februar 1724 kam ihr erster Sohn Gottfried Heinrich zur Welt. Später zeigte sich, dass er zwar musikalisch hochbegabt, geistig aber zurückgeblieben war.

Eine «musicirte Passion» aufzuführen, d. h., den Passionsbericht auf der Grundlage eines durch freie Dichtung erweiterten Evangelientextes mit Solisten, Chor und Orchester musikalisch darzustellen, gehörte erst seit 1721 zu den Aufgaben des Thomaskantors. Vorher hatte man in Leipzig am Karfreitag alljährlich eine altertümliche vierstimmige Vertonung der *Johannes-Passion* gesungen, während andernorts längst modernere Arten der Passionsmusik eingeführt worden waren. Nachdem 1717 in der Neuen Kirche erstmals ein Passionsoratorium zu hören gewesen war und die Kirchgänger in den folgenden Jahren in Scharen dorthin strömten, beschlossen Rat und Konsistorium, ähnliche Aufführungen auch in der Thomas- und Nikolaikirche zu genehmigen. Dabei sollte – im Gegensatz zu poetisch völlig frei behandelten Passionsdichtungen – der unveränderte Bibeltext im Zentrum stehen. In Leipzig wurde damit der Vespergottesdienst am Karfreitag zu einem herausragenden musikalischen Ereignis.

Vermutlich war es Bach selbst, der das Libretto der *Johannes-Passion* BWV 245 aus dem Bibeltext, Choralstrophen und Gedichten von Barthold Hinrich Brockes, Christian Weise und Christian Heinrich Postel zusammenstellte. Man tut diesem Werk Unrecht, wenn man in ihm nur eine Vorstufe zu der wohl drei Jahre später entstandenen *Matthäus-Passion* sieht. Bachs kompositorische Meisterschaft war 1724 nicht geringer als 1727; er musste sich jedoch jedes Mal mit einer individuellen Textgrundlage auseinandersetzen. Im Vergleich mit dem Matthäus-Evangelium ist die Passionsgeschichte nach Johannes stärker auf die Handlungen und Worte Christi fokussiert, dadurch kürzer und weniger reich an unterschiedlichen Affekten. Deutlicher als in der *Matthäus-Passion* kommt in der *Johannes-Passion* jedoch das Prinzip zum Ausdruck, die Zuhörer durch die Einfügung von Choralstrophen in den Text einzubeziehen: Auch wenn sie nicht, wie häufig angenommen, dabei mitsangen, konnten sie sich durch das Mit-Denken der Liedtexte als Beteiligte fühlen. Noch weiter vertieft wird das persönliche Nacherleben der Handlung durch die betrachtenden Arien, deren Texte in Ich-Form gehalten sind. In ihrer musikalischen Ausdruckskraft stehen sie keineswegs hinter den Arien der *Matthäus-Passion* zurück. Mindestens eine von ihnen, die ergreifende Alt-Arie «Es ist vollbracht», gehört zu den eindrucksvollsten Sätzen, die Bach je geschrieben hat. Da er bei den Wiederholungen der *Johannes-Passion* in den Jahren 1725, 1728 (?), 1732 und 1749 stets Veränderungen vornahm, sind heute vier leicht voneinander abweichende Fassungen des Werkes bekannt.

Dass die *Johannes-Passion* schon im folgenden Jahr wiederholt wurde, kann auf großen Erfolg oder Arbeitsersparnis hindeuten. Bach konzentrierte seine Kräfte im Frühjahr 1725 nämlich auf eine Geburtstagskantate für Herzog Christian von Sachsen-Weißenfels (*Entfliehet, entschwindet, entweichet, ihr Sorgen* BWV 249a), die er gleich darauf in eine Osterkantate (und einige Jahre später in das Oster-Oratorium *Kommt, eilet und laufet* BWV 249) umarbeitete. Zwei Wochen nach Ostern erhielt die Familie Bach wieder Zuwachs – einen Jungen, der am 14. April auf den Namen Christian Gottlieb getauft wurde. In der Kantorenwohnung tummelten sich nun sieben Kinder, zwei Töchter und fünf Söhne, von denen die ältesten – Catharina Dorothea und Wilhelm Friedemann – sechzehn bzw. vierzehn Jahre alt waren.

Nach wie vor höchst aufgeschlossen für alles, was mit Orgeln zu tun hatte, wusste Bach, dass der Freiberger Meister Gottfried Silbermann (1683–1753) in den Jahren 1719/1720 eine zwei-manualige Orgel für die Dresdner Sophienkirche gebaut hatte. Sie war für Bach interessant, weil Silbermann seine Ausbildung in Frankreich absolviert und einige Charakteristika des französischen Orgelbaus nach Sachsen importiert hatte. Es ist durchaus möglich, dass Bach der Sophienkirche schon bald nach der Orgelweihe einen Privatbesuch abstattete – mit der «Extrapost» brauchte man nur neun Stunden von Leipzig nach Dresden. Eine offizielle Einladung zu einer Konzertreise dorthin erhielt er 1725, vermutlich durch Johann Friedrich von Flemming, der 1724 zum Gouverneur von Leipzig ernannt worden war. Zu Bachs Gastspiel meldete der *Hamburger Relations-Courier*, der «Capell-Director aus Leipzig» sei von den Dresdner «Hof- und Stadt-Virtuosen» begeistert empfangen worden und habe sich am 19. und 20. September an der Silbermann-Orgel «in Praeludiis und diversen *Concerten* mit unterlauffender *doucen* [sanften] Instrumental-Music in allen Tonis über eine Stunde lang hören lassen», also Solo-Werke und Orgelkonzerte mit Orchesterbegleitung gespielt. Es muss für Bach eine wohltuende Abwechslung gewesen sein, einige Tage im Kreis hervorragender Komponisten und Solisten zu verbringen. Unter ihnen war neben Bachs Freund Johann Georg Pisendel, dem Hofkapellmeister Johann David Heinichen und dem Lautenvirtuosen Silvius Leopold Weiss auch Jan Dismas Zelenka (1679–1745), ein böhmischer, in Italien und Österreich ausgebildeter «Kirchen-Compositeur», dessen Werke Bach sehr schätzte. Dass sie für den katholischen Ritus bestimmt waren, störte ihn nicht; er selbst sah sich nie als jenen geradezu fanatisch protestantischen «Erzkantor», den spätere Musikschriftsteller aus ihm machten.

Vier weitere Reisen Bachs nach Dresden (1731, 1736, 1738, 1741) sind dokumentiert. Wahrscheinlich aber unternahm

er die Fahrt noch öfter – auch um dort Opern zu hören, die
in einem der prachtvollsten Theater Europas zur Aufführung
gelangten. Wilhelm Friedemann, der ihn dabei begleiten durfte, überlieferte die Ankündigung: «Friedemann, wollen wir
nicht die schönen Dresdner Liederchen einmal wieder hören?»
Selten ist ein Ausspruch Bachs so missverstanden worden: Die
ältere Bach-Forschung schloss daraus, er habe verächtlich auf
die Schreiber «seichter» italienischer Arien herabgeschaut. Abgesehen davon, dass der Dresdner Opernkomponist Johann
Adolf Hasse (1699–1783) bei Bach in höchstem Ansehen stand
und mit ihm befreundet war, hätte der sparsame Thomaskantor
das Reisegeld gewiss nicht ausgegeben, wenn er sich davon nicht
auch Anregungen für das eigene Schaffen versprochen hätte.
Aus Bachs Worten spricht eher die Vorfreude auf einen unbe-
schwerten Ausflug über Leipzigs Stadtgrenzen hinaus. Im Vergleich mit Hasse, Händel oder Telemann reiste Bach zwar
(soweit bekannt) niemals besonders weit, war aber als Kapellmeister und Orgelfachmann im mitteldeutschen Raum häufig
unterwegs.

Musikalische Exkursionen

Lübeck im Norden, Karlsbad im Süden, Kassel im Westen und
Görlitz im Osten geben nach unserem Wissen den Umriss einer
Bach-Landkarte vor. Sucht man darauf seine Reiseziele, findet
man neben Residenzstädten wie Weißenfels und Altenburg viele
unbekannte Ortsnamen, denn Bach musizierte nicht nur als
«Gaststar» mit fürstlichen Hofkapellen oder in den Kirchen
großer Städte (z. B. in Kassel und Potsdam), sondern war immer
bereit, als Orgelgutachter auch in Dorfkirchen tätig zu werden
und bei den Einweihungen neu gebauter Orgeln zu konzertie-
ren. Ob er auf Kosten eines Fürsten oder einer Landgemeinde
anreiste, er wurde überall stets mit größter Zuvorkommenheit
empfangen und als prominenter Gast behandelt.

Schon während seiner Köthener Jahre erhielt Bach Einladungen an die Höfe von Schleiz und Zerbst; von Leipzig aus kehrte
er 1724 sowie 1728 nach Köthen zurück und hatte 1729 «noch

das traurige Vergnügen, seinem so innig geliebten Fürsten [Leopold] die Leichenmusic von Leipzig aus zu verfertigen, und sie in Person in Cöthen aufzuführen» (*Nekrolog*). Meistens waren es jedoch fröhlichere Anlässe, die mit einem Werk von Bach gefeiert wurden – Fürstengeburtstage, aber auch Festlichkeiten des Landadels: Für die Huldigungsfeier Johann Christian von Hennickes als neuem Herrn des Gutes Wiederau schrieb Bach 1737 die Kantate *Angenehmes Wiederau, freue dich in deinen Auen* BWV 30a. Origineller, daher weitaus bekannter ist ihr 1742 entstandenes Gegenstück, die «Bauernkantate» *Mer hahn en neue Oberkeet* BWV 212 zur Huldigung für Carl Heinrich von Dieskau auf Gut Kleinzschocher. Selten komponierte Bach so heitere, von Bauernliedern und populären Tanzweisen durchzogene Musik: «Bachs Vertonung beeindruckt durch die ungekünstelte Selbstverständlichkeit, mit der volkstümliche und hoch stilisierte Formen zu einer Einheit zusammenwachsen, ähnlich wie wir es auf ganz anderer Ebene später in Mozarts *Zauberflöte* wiederfinden» (Alfred Dürr). Neben Renommee und gutem Essen brachten solche Verpflichtungen hohe Honorare ein – im Fall der Bauernkantate anscheinend so viel, dass Bach sich nach dem Fest einen ganz besonderen Wunsch erfüllen konnte. Auf einer Auktion ersteigerte er die kostbare zehnbändige «Altenburger Ausgabe» der Schriften Martin Luthers (1661–1664) für seine Hausbibliothek.

Da Bach sich von Jugend an mit dem Orgelbau vertraut gemacht hatte, wurde er oft gebeten, als Sachverständiger bei der Abnahme neuer oder renovierter Orgeln mitzuwirken. Seine Tätigkeit als Orgelprüfer ist in über zwanzig Fällen zwischen 1703 und 1746 belegt. Dabei ging es nicht nur um große Instrumente wie die von Zacharias Hildebrandt erbaute Orgel der Wenzelskirche zu Naumburg (53 Register). Auch kleine Orgeln, die von Gutsherren für ihre Patronatskirchen gestiftet wurden, waren Bach eine Reise wert, wenn sie von guten Meistern stammten: Die Hildebrandt-Orgel in Störmthal (1723; 15 Register) und die von Johann Scheibe gebaute Orgel in Zschortau (1746; 13 Register) sind solche Beispiele. Patronatsherr Statz Hilmor von Fullen erteilte Bach sogar den Auftrag, für die Orgelweihe in Störmthal eine Kantate zu schreiben (*Höchster-wünschtes Freudenfest* BWV 194).

An einer Orgelabnahme waren üblicherweise zwei oder drei Prüfer beteiligt. Wie Bach dabei vorging, überliefert der *Nekrolog*: «Das erste, was er bey einer Orgelprobe that, war dieses: Er sagte zum Spaß, vor allen Dingen muß ich wissen, ob die Orgel eine gute Lunge hat; um dieses zu erforschen, zog er alles Klingende an [d. h. alle Register] und spielte so vollstimmig, als möglich. Hier wurden die Orgelbauer oft für Schrecken ganz blaß.» Die Register wurden einzeln und im Zusammenklang abgehört, außerdem überprüften die Gutachter alle Pfeifen und Bauteile im Inneren der Orgel. Bei einem großen Instrument konnte die Probe mehrere Tage dauern; anschließend musste ein schriftlicher Bericht vorgelegt werden. Wie Bachs Anmerkungen zeigen, war er ein sehr kritischer Gutachter, der Mängel präzise benannte, aber auch immer lobend auf besondere Qualität hinwies. Er prüfte übrigens nie eine Silbermann-Orgel, nahm aber 1746 mit Gottfried Silbermann zusammen die Naumburger Hildebrandt-Orgel ab. Beide logierten fünf Tage lang im Gasthof «Zum Grünen Schild», wo es sich gut leben ließ: Laut Rechnung kostete die Bewirtung der Gutachter und ihrer Bedienten, des Orgelbauers Hildebrandt und zweier weiterer Gäste dem Rat der Stadt Naumburg über 32 Taler, und zwar für Mahlzeiten, Kaffee, Tabak samt Tonpfeifen, 28 Kannen weißen und 2 Kannen roten Wein sowie reichlich Merseburger Bier; auch das Pferdefutter schlug zu Buche. Bachs Reisekosten wurden auf 7 Taler beziffert; sein Prüferlohn betrug 22 Taler – ein Fünftel seines festen Jahresgehalts in Leipzig.

Bach nahm sicherlich nicht allein wegen der am Ende ausgezahlten «Erkenntlichkeit» so gerne an Orgelabnahmen teil, sondern weil er bei solchen Gelegenheiten einige Tage in der angenehmen Gesellschaft von Kollegen und Orgelbauern verbringen konnte. Außerdem pflegten die Gastgeber einen Festschmaus auszurichten, und es war keine Seltenheit, dass dabei Speisefolgen von höfischer Üppigkeit aufgeboten wurden. Als Beispiel mag das Bankett anlässlich der Weihe der Silbermann-Orgel in Fraureuth (1742) dienen – Bach war daran zwar nicht beteiligt,

kannte aber derartige Tafeleien. Auf der Fraureuther Einkaufs-
liste standen: Kalb-, Rind- und Schweinefleisch, Würste, Speck,
Hasen, Krammetsvögel, Rebhühner, Hühner, Gänse, Karpfen,
Zucker, Rosinen, Mandeln, Käse, Brot, Zuckerbrot, Brötchen,
Eier, Butter, vier Sorten Kuchen, Kaffee, Tee, Branntwein, Wein,
Bier, Tabak, Zitronen und diverse Gewürze.

Wie viele private Orgelfahrten und Reisen Bach unternom-
men hat, lässt sich nicht mehr feststellen. Dass es sie gab, belegen Hinweise auf längere Abwesenheiten in den Leipziger Ak-
ten oder zufällig erhalten gebliebene Quellen wie die Notiz des
Orgelbauers Johann Andreas Silbermann, Bach habe die berühmte Görlitzer Casparini-Orgel (erbaut 1697–1703) «eine
Pferds-Orgel» genannt, weil es «eine rossmäßige Arbeit» sei, sie
zu spielen. Was als humorvolle Bemerkung festgehalten wurde,
überliefert Bachs Anwesenheit in Görlitz, von der man sonst
nichts wüsste. War er nur dorthin gefahren, um die Casparini-
Orgel auszuprobieren, oder hatte er das nahe, an großartigen
Orgeln reiche Schlesien besucht? Vermutlich waren die Grenzen
von Bachs Landkarte doch weiter, als wir annehmen.

8. Die dunkle Zeit: 1726–1733

Mit der *Matthäus-Passion* BWV 244 (1727), der Trauer-Ode
Laß, Fürstin, laß noch einen Strahl BWV 198, dem ersten Teil
der *Clavier-Übung* (1731) und den ersten Sätzen (Kyrie, Gloria)
der *Messe in h-Moll* BWV 232 (1733) entstanden zwischen
1726 und 1733 einige der bedeutendsten Werke Bachs. Zugleich waren diese Jahre die schwerste Krisenzeit in seinem Leben. Er hatte den Tod von neun Angehörigen zu verkraften:
Nachdem seine Brüder Johann Christoph und Johann Jacob
schon 1721 bzw. 1722 gestorben waren, verlor er 1727 mit Maria Salome sein letztes noch lebendes Geschwisterkind. 1729
starb seine Schwägerin Friedelena Margaretha, die von 1707 an
bei der Familie gelebt hatte. Das Schlimmste für ihn und Anna

Magdalena war jedoch der Verlust von sieben Kindern in diesem Zeitraum. Dass «das große Sterben im Leben Bachs» (Maarten 't Hart) Spuren in der Psyche des Thomaskantors hinterließ, steht außer Frage; seine Reaktion scheint einerseits in zeitweiliger Vernachlässigung seiner Aufgaben, andererseits in gesteigerter Reizbarkeit bestanden zu haben. Um 1730 stand Bach kurz davor, das Thomaskantorat aufzugeben.

Wie dicht beieinander Leben und Tod in Bachs Familie lagen, zeigt das Jahr 1726: Im April kam Elisabeth Juliana Friederica zur Welt – seine Lieblingstochter, die «Liesgen» gerufen wurde. Nun waren acht Kinder im Haus; seit dem Tod von Leopold August im September 1719 hatte Bach keines mehr verloren. Doch im Juni starb Christiana Sophia Henrietta, bereits drei Jahre alt und damit eine kleine Persönlichkeit, deren Fehlen man bemerkte. Von den sechs folgenden Bach-Kindern, die zwischen 1727 und 1733 geboren wurden, sollte nur eines, nämlich Johann Christoph Friedrich, das Erwachsenenalter erreichen.

Am Karfreitag 1727 erklang in der Thomaskirche zum ersten Mal Bachs gewaltigstes Werk, die *Matthäus-Passion* BWV 244 – ein Werk mit 68 zum Teil sehr umfangreichen Sätzen, das neben den Solisten einen Doppelchor und ein Doppelorchester verlangt. Das Libretto, eine Kombination von Bibeltext, Choralstrophen und freien Gedichten, stammte von Christian Friedrich Henrici alias Picander (1700–1764), der für Bach auch Kantatentexte schrieb und sich dank seiner eigenen Musikalität als idealer Partner für den Komponisten erwies. Die *Matthäus-Passion*, in der Bach-Familie nur «die große Passion» genannt, «übertraf in jeder Hinsicht Bachs übrige Vertonungen der biblischen Passionsgeschichte, aber im Blick auf formale Dimensionen, den für die Aufführung erforderlichen Aufwand, kompositorische Meisterschaft und technische Bravour sowie durch ihre mächtige, mitreißende Ausdruckskraft ließ sie überhaupt alles hinter sich, was im Bereich der geistlichen Musik damals üblich oder auch nur vorstellbar war. Mit der *Matthäus-Passion* erreichte Bachs Schaffen für die Leipziger Kirchen seinen Höhepunkt» (Christoph Wolff).

Kein Dokument berichtet, wie die Zuhörer dieses epochale Werk aufnahmen. Größeres Aufsehen als mit der *Matthäus-Passion* erregte Bach jedenfalls noch im gleichen Jahr mit zwei weltlichen Kantaten für Mitglieder des sächsischen Herrscherhauses. Die erste, *Entfernet euch, ihr heitern Sterne* BWV Anh. 9, wurde als Geburtstagsmusik für August den Starken am 12. Mai 1727 auf dem Leipziger Marktplatz aufgeführt, wobei der Kurfürst vom Haus des Kaufmanns Apel aus zuhörte. Vier Monate später starb Kurfürstin Christiane Eberhardine, die sich standhaft geweigert hatte, die politisch motivierte Konversion ihres Gatten zum Katholizismus mitzuvollziehen. Deshalb galt sie in Leipzig als Heldin des Protestantismus und wurde am 17. Oktober 1727 mit einer Trauerfeier der Universität verabschiedet, die trotz ihres inoffiziellen Charakters zum Staatsakt geriet. Von den Organisatoren, einer Gruppe adeliger Studenten, erhielt Bach den Auftrag für die Trauer-Ode *Laß, Fürstin, laß noch einen Strahl* BWV 198, deren Text Johann Christoph Gottsched lieferte. Selten hatte Bach in Leipzig ein so erlesenes Publikum: Wie ein Festbericht überliefert, zogen die Professoren in einer Prozession zur Paulinerkirche, wo sich «viele Hohe Anwesende, als Hertzogliche und andere Standes-Personen, desgleichen nicht nur Sächsische, sondern auch ausländische *Ministres* [d. h. Diplomaten], Hof- und andere *Cavaliers* nebst vielen *Dames*» versammelt hatten. Auch die Trauermusik wird ausführlich erwähnt, da sie mit ihrer sanften, in tiefen Lagen gehaltenen Besetzung den Hörern offenbar sehr nahe ging. Bachs Freude über die Anerkennung dauerte jedoch nicht lange. Sein achter Sohn Ernst Andreas starb nur wenige Stunden nach seiner Taufe am 30. Oktober 1727. Ungefähr ein Jahr später, im September 1728, wurde der dreieinhalbjährige Christian Gottlieb begraben – drei Wochen bevor am 10. Oktober 1728 Regina Johanna zur Welt kam, Bachs fünfte Tochter.

Inzwischen hatte Bach einen so umfangreichen Vorrat an Kantaten geschaffen, dass er von 1729 an kaum noch neue «Haupt-Musiken» schrieb, sondern die älteren wiederholte und auch Werke anderer Komponisten aufführte – so wie er sein eigenes Notenmaterial an Kollegen wie den Kantor Johann

Wilhelm Koch in Ronneburg bei Gera auslieh. Durch die Ein-
stellung der Kantatenkomposition entlastet, konnte Bach sich
einer neuen Aufgabe widmen: Er übernahm im März 1729
die Leitung eines Collegium Musicum, d. h. eines Studentenor-
chesters, das einmal wöchentlich im Zimmermannschen Kaf-
feehaus zusammenkam. Unter den Mitgliedern waren viele
angehende Berufsmusiker, da das Jura-Grundstudium in dieser Zeit eine Art Schule für die vornehme Welt bot und zur
Erhöhung der Anstellungschancen gerne von zukünftigen Kantoren oder Kapellmeistern belegt wurde. Diese Studienmöglich-
keit auch seinen eigenen Söhnen bieten zu können, war ja
ein Grund für Bach gewesen, das Thomaskantorat überhaupt
anzunehmen. So spielten auch Wilhelm Friedemann und Carl
Philipp Emanuel im Collegium Musicum mit, sobald sie sich
1729 bzw. 1731 an der juristischen Fakultät eingeschrieben
hatten. Mit den musizierenden Studenten, die ihre Zusammen-
künfte nicht als Pflicht, sondern als Vergnügen betrachteten,
stand Bach nun ein sehr gutes, unabhängiges Ensemble zur
Verfügung. Bei den zweistündigen Konzerten im eleganten Saal
des Kaffeehauses in der Katharinenstraße (oder im Sommer in
einem Garten vor der Stadt) wiederholte er sein Köthener Repertoire, legte aber auch zahlreiche neue Kompositionen vor –
darunter die Ouvertüren BWV 1066–1069, die Violinkonzerte
BWV 1041–1043 und die Konzerte für zwei bis vier Cembali
BWV 1060–1065.

Vielleicht sah Bach es als ein gutes Omen an, dass am Neujahrstag 1730 seine Tochter Christiana Benedicta getauft wurde. Doch auch sie starb nur wenige Tage später. In der Folgezeit
wurde es immer offenkundiger, dass Bach sich Versäumnisse im
Schuldienst erlaubte: Er hielt die Singstunden nicht planmäßig
ab und ging auf Reisen, ohne vorher die Erlaubnis einzuholen.
Anfang August kamen so viele Beschwerden zusammen, dass
im Rat über Maßnahmen zur Disziplinierung des Kantors be-
raten wurde. Ohne ihn anzuhören, warf man ihm vor, er habe
sich «nicht so, wie es seyn sollen, aufgeführet». Es hieß, Bach
tue nichts und wolle auch keine Erklärung dazu abgeben, und
als der Syndicus feststellte, Bach sei eben «incorrigibel», stimm-

ten die übrigen Ratsherren zu und beschlossen, «dem Cantor die Besoldung zu verkümmern». In der nächsten Sitzung teilte Bürgermeister Jacob Born mit, er habe mit Bach geredet, doch der habe «schlechte Lust zur Arbeit» bezeigt. Als Antwort und Rechtfertigung setzte Bach am 23. August 1730 eine Denkschrift auf, in der er unter dem Titel *Kurtzer, jedoch höchstnöthiger Entwurff einer wohlbestallten Kirchen Music* seine Arbeitsbedingungen an der Thomasschule darstellte. Zunächst vollkommen sachlich, beschrieb er darin die Unzulänglichkeit des herrschenden Zustandes, ohne seine Kritik an der Schulführung zu verbergen: Durch die Aufnahme «so vieler untüchtiger und zur *Music* sich gar nicht schickender Knaben» sei es ihm kaum möglich, die für die Gottesdienste benötigten Chöre mit wenigstens drei Sängern pro Stimme zusammenzustellen; auch sei das Stadtmusiker-Ensemble überaltert und zu klein, um alle nötigen Instrumentalstimmen bei der Begleitung einer Kantate auszuführen. Diesen Mangel hätten meistens Studenten ausgeglichen, doch seit sie keinerlei Vergütung mehr erhielten, würden sie wegbleiben. An ihre Stelle müssten Schüler treten, die dadurch wiederum im Chor fehlten.

Bachs Vorgesetzte waren der Meinung, es sei unnötig, die Studenten für das Musizieren in den Kirchen zu bezahlen; dennoch erwartete man natürlich gute Aufführungen. Gegen diese mit Überheblichkeit gepaarte Sparsamkeit an falscher Stelle zog Bach im zweiten Teil des *Entwurffs* zu Felde, wobei er die Studenten vor allem als Musiker betrachtete und temperamentvoll für sie eintrat. Plötzlich wechselt sein nüchterner Schreibstil zu einer glühenden Verteidigungsrede: Man habe zu beachten, dass «die neuen Arthen der *Music*» weitaus höhere Ansprüche stellten als zuvor; es sei also eine «erkleckliche Beyhülffe» nötig, um fähige Leute an die Kirchenmusik zu binden. «Es ist ohne dem etwas Wunderliches, da man von denen teutschen *Musicis praetendiret*, sie sollen *capable* seyn, allerhand Arthen von *Music*, sie komme nun aus Italien oder Franckreich, Engelland oder Pohlen, sofort *ex tempore* zu *musiciren*, wie es etwa diejenigen *Virtuosen*, für die es gesetzet ist, und welche es lange vorhero *studiret*, ja fast auswendig können, überdem auch *quod notan-*

dum in schweren Solde stehen, deren Müh und Fleiß mithin reichlich belohnet wird, *praestiren* können» – in Leipzig dagegen hätten die Musiker so hart für das Nötigste zu arbeiten, dass sie an gründliches Üben gar nicht denken könnten. Um das Gegenbeispiel zu erleben, müsse man nur «nach Dreßden gehen, und sehen, wie daselbst von Königlicher Majestät die *Musici salariret* werden; Es kan nicht fehlen, da denen *Musicis* die Sorge der Nahrung benommen wird, [dass] der *chagrin* nachbleibet [d. h. der Verdruss fortbleibt], auch überdem jede Persohn nur ein eintziges *Instrument* zu *excoliren* hat; es muss was trefliches und *excellentes* zu hören seyn.» Unter den gegebenen Umständen könne die Kirchenmusik jedoch nicht in einen besseren Stand gesetzt werden.

Wieder kam der Verdruss zur Sprache, den Bach nicht nur auf seine Musiker, sondern auch auf sich selbst bezog. Der Rat hatte nämlich den Beschluss, sein Gehalt zu kürzen, wahr gemacht und ihn bei einer Honorierung für die Schlafsaal-Aufsicht in der Schule leer ausgehen lassen. Dabei ging es um mindestens 100 Taler, also ein Jahres-Grundgehalt. Diese Benachteiligung veranlasste Bach offenbar dazu, sich im Stillen nach einer anderen Anstellung umzusehen. In dem schon mehrfach zitierten Brief vom 28. Oktober 1730 an Georg Erdmann in Danzig erklärte er seine Beweggründe: «Da [ich] aber nun (1) finde, daß dieser Dienst bey weitem nicht so erklecklich als man mir ihn beschrieben, (2) viele *accidentia* [d. h. Nebeneinkünfte] dieser *Station* entgangen, (3) ein sehr theurer Orth u. (4) eine wunderliche und der *Music* wenig ergebene Obrigkeit ist, mithin in fast stetem Verdruß, Neid und Verfolgung leben muß, als werde genöthiget werden mit des Höchsten Beystand meine *Fortun* anderweitig zu suchen.»

Erdmann möge ihm mitteilen, so Bach in seinem Schreiben, ob er «dasigen Ortes» von einer einträglichen «Station» wisse. Damit bezog er sich wohl auf das Kantorat an der Danziger Marienkirche, das 1730 mit dem Thüringer Maximilian Dietrich Freißlich besetzt war. Vielleicht hatte Bach erfahren, dass Freißlich krank war, doch dessen Stiefbruder stand schon bereit, um das Amt zu übernehmen. Hoffte Bach dennoch auf eine

Kantoratsprobe mit mehreren Bewerbern oder war seine Erkundigung nicht allein auf Danzig, sondern auch auf das etwa 140 Kilometer entfernte Königsberg gerichtet? Dort gab es sogar zwei Kantorenstellen, und dort hätten seine Söhne an der berühmten Universität studieren können, die auch im Musikleben der Stadt eine große Rolle spielte. Wie wichtig das Wohlergehen seiner Familie für Bach war, geht aus den Mitteilungen zu seinem «häußlichen Zustande» hervor, die er in seinem Brief auf das Berufliche folgen ließ. Berechtigter väterlicher Stolz klingt an, wenn es von den Kindern heißt, sie seien «insgesamt [...] gebohrne *Musici*, u. kan versichern, daß schon ein *Concert Vocaliter* und *Instrumentaliter* mit meiner Familie *formiren* kan, zumahln da meine itzige Frau gar einen sauberen *Soprano* singet, auch meine älteste Tochter [Catharina Dorothea] nicht schlimm einschläget».

Bach-Forscher tendieren dazu, die Aussage des «Erdmann-Briefes» herunterzuspielen. Es sei «schwer vorstellbar, daß Bach den Posten an St. Marien zu Danzig ernsthaft in Erwägung zog», resümiert beispielsweise Christoph Wolff. Einen Brief nach Danzig zu schicken, war indessen nicht billig. Warum hätte Bach das Porto opfern sollen, wenn es ihm mit seiner Anfrage nicht ernst gewesen wäre? Angesichts seiner Arbeitsbedingungen und der Baufälligkeit des Schulgebäudes ist sein Wunsch nach Veränderung nur zu verständlich, auch wenn dies der Vorstellung von einem symbiotisch mit Leipzig verbundenen Musik-Heroen zuwiderläuft. Nur der österreichische Musikhistoriker Walter Kolneder dachte einmal ketzerisch über die möglichen Konsequenzen nach: «Was wäre aus dem ganzen Mythos vom Thomaskantor geworden, wenn Erdmann eine passende Stelle für Bach gefunden hätte?»

Eine Antwort des Danziger Freundes auf Bachs Brief ist nicht überliefert. Bach gab den Gedanken an einen Ortswechsel auch bald wieder auf, weil mit Johann Matthias Gesner (1691–1761) ein neuer Rektor an die Thomasschule kam, der seine Arbeit zu würdigen wusste. Beide kannten sich von Weimar her, wo Gesner Konrektor des Gymnasiums gewesen war. Der Philologe blieb zwar nur vier Jahre in Leipzig, kümmerte sich aber in dieser Zeit energisch um Verbesserungen und sorgte dafür, dass endlich eine Sanierung des Schulhauses in Angriff genommen wurde.

Für den Karfreitag 1731 komponierte Bach mit der *Markus-Passion* BWV 247 seine dritte Leipziger Passionsmusik (nicht zu verwechseln mit einer 1726 von ihm aufgeführten *Markus-Passion*, die lange Reinhard Keiser zugeschrieben wurde, heute aber als Werk von Friedrich Nicolaus Brauns gilt). Lediglich das von Picander verfasste Libretto ist erhalten. Vergleiche mit anderen Texten lassen den Schluss zu, dass ein großer Teil der Passion auf die Musik der Trauerode für Kurfürstin Christiane Eberhardine zurückging – man kann sogar vermuten, dass Bach die Passion schrieb, um dem Wunsch von Leipziger Musikfreunden nachzukommen und die Trauerode in einem neuen Gewand noch einmal präsentieren zu können. Mit einer anderen, ungemein effektvollen *Parodie ließ er die Ratswahlkantate des Jahres 1731 (*Wir danken dir, Gott, wir danken dir* BWV 29) beginnen: Als Einleitung erklingt, einzigartig in Bachs Schaffen, ein virtuoser Orgelkonzertsatz, begleitet vom gesamten Orchester einschließlich der Trompeten und Pauken. Dabei handelt es sich um eine Bearbeitung des «Preludio» aus der 1719/20 komponierten *Partita für Violine solo in E-Dur* BWV 1006. Abwechslungsreich und bewusst prunkvoll angelegt, stellt *Wir danken dir, Gott* den Höhepunkt in der Serie der Ratswahlkantaten dar. Es scheint, als habe Bach hier alle Register gezogen, um der Leipziger Obrigkeit zu demonstrieren, was die Stadt an ihrem Thomaskantor hatte. Bald darauf reiste er wieder einmal nach Dresden, wo er am 13. September die Uraufführung von Johann Adolf Hasses Oper *Cleofide* besuchte und am folgenden Tag in der Sophienkirche ein Orgelkonzert gab.

Auch das Erscheinen seines «Opus I» trug in dieser Zeit zum Renommee Bachs bei. Er veröffentlichte 1731 sechs Cembalo-Partiten BWV 825–830 als Teil I einer großen Publikation mit dem Titel *Clavier-Übung*, die als höchst anspruchsvolle Beispielsammlung von Tastenmusik in verschiedenen Genres geplant war. Weitere Teile kamen 1735 (II: *Französische Ouvertüre* BWV 831 und *Italienisches Konzert* BWV 971 für Cembalo),

1739 (III: *Vorspiele über die Catechismus- und andere Gesänge*
BWV 669–689 für Orgel) und 1741 (IV: *Aria mit verschiede-*
nen Veränderungen bzw. «Goldberg-Variationen» für Cembalo
BWV 988) heraus.

Unterdessen wurde die Thomasschule um zwei Stockwerke
erhöht, wodurch die beiden Beamtenwohnungen jeweils mehrere Zimmer dazugewannen. Kaum hatten Bach und seine Familie sich in den renovierten Räumen eingerichtet, kam am
21. Juni 1732 Johann Christoph Friedrich zur Welt – Anna
Magdalenas neuntes Kind innerhalb von neun Jahren. Und
kaum hatte der jüngste Sohn die ersten Wochen überstanden,
starb die im März 1731 geborene, anderthalb Jahre alte Christiana Dorothea. Als Bach drei Wochen später nach Kassel fuhr,
um dort die Orgel der Martinskirche zu prüfen und das Einweihungskonzert zu geben, nahm er Anna Magdalena mit auf
die Reise. Sie konnte sich während des einwöchigen Aufenthalts erholen, denn außer einem großzügigen Honorar und
bester Bewirtung wurde dem Ehepaar Bach ein persönlicher
Diener zugeteilt, der ihnen jederzeit «aufzuwarten» hatte. Bach
spielte bei dieser Gelegenheit die «Dorische» *Toccata und Fuge*
BWV 538 und versetzte mit seinem Pedalspiel den gerade zwölf
Jahre alten Erbprinzen von Hessen-Kassel in solche Begeisterung, dass der zukünftige Landesherr ihm einen kostbaren Ring
schenkte.

Eine engere Verbindung mit dem sächsischen Herrscherhaus
zu suchen, erschien Bach als geeignete Taktik, um gegenüber
dem Leipziger Rat stärker auftreten zu können. Ohnehin saß
mit Friedrich August II. (1696–1763) seit dem Frühjahr 1733
ein sehr musikliebender Kurfürst auf dem Thron. Bach wartete,
bis die Trauerzeit um den im Februar verstorbenen August den
Starken beendet war, und bat im Juli 1733 um die Verleihung
des Titels «Hofcompositeur». Seine Begründung erinnert an
den Erdmann-Brief: «Ich habe einige Jahre und bis daher bey
denen beyden Haupt-Kirchen in Leipzig das *Directorium* in der
Music gehabt, darbey aber ein und andere Bekränckung unver-
schuldeter weise auch iezuweilen eine Verminderung derer mit
dieser Function verknüpfften *Accidentien* empfinden müssen;

welches aber gänzlich nachbleiben möchte, daferne Ew. Königliche Hoheit mir die Gnade erweisen und ein Praedicat von Dero Hoff-*Capelle conferiren* [...] würden.» Gleichzeitig überreichte Bach einen Stimmensatz des Kyrie und Gloria seiner *Messe in h-Moll* BWV 232. Die übrigen Sätze entstanden einzeln und wurden von Bach erst in seinen letzten Lebensjahren mit Kyrie und Gloria von 1733 zu dem Werk zusammengefügt, das in der Familie «die große catholische Messe» hieß.

Als Beweis für die Ernsthaftigkeit seiner Bemühung um den Hoftitel begann Bach im Sommer 1733 damit, in Leipzig weltliche Kantaten aus Anlass von Namenstagen, Geburtstagen und anderen Festtagen des Kurfürstenhauses aufzuführen. Wer ihn in der Folgezeit bei solchen glanzvollen Konzerten als Leiter des Collegium Musicum sah, wird nicht geahnt haben, dass sein Familienleben von Trauer überschattet war. Im April 1733 hatte er die vierjährige Tochter Regina Johanna verloren; im November starb Johann August Abraham am Tag nach seiner Geburt.

«Es soll besser werden, als es war auf Erden»

Eine der wichtigsten Verhaltensregeln der Barockzeit hieß, «eine gute Figur machen», und das bedeutete: sich als beherrschte Persönlichkeit präsentieren, die über den Wechselfällen des Schicksals steht. Wer wie Bach ein öffentliches Amt bekleidete, zeigte keine heftigen Regungen; sie waren ein Teil der Privatsphäre. Deshalb ist es so schwierig, dem Musikergenie *und* Familienvater Bach nahezukommen, der den Tod von elf seiner zwanzig Kinder miterleben musste. Zehn von ihnen starben im Kindesalter, eines – Johann Gottfried Bernhard – mit 24 Jahren. Diese schiere Menge von Geburten und Todesfällen erscheint so unfassbar, dass viele Bach-Biographen sich in die Annahme retten, Bach habe die Jüngeren unter seinen Kindern ohnehin kaum gekannt und sei durch ihren Tod nicht sonderlich erschüttert worden. Immer wieder wird auf die hohe Kindersterblichkeit der Zeit verwiesen. Unter ihr litten Familien aller Gesellschaftsschichten, auch das Kaiserhaus: Maria Theresia (1717–1780) und Franz I. Stephan hatten sechzehn Kinder, von denen sechs vor ihrem 17. Lebensjahr starben, obwohl sie von den besten Ärzten Wiens betreut wurden.

Zweifellos half der Glaube an ein Weiterleben der Kinder im Paradies den meisten Eltern, wiederholte Todesfälle zu verkraften. Manche entwickelten jedoch auch Schuldgefühle und fragten sich verzweifelt, ob Gott sie mit dem Tod der Kleinen für ihre eigenen Sünden strafen wollte. Beim Lesen des Gedichtes *Einfältige Trauer- und Trost-Reimchen...* von Simon Dach (1605–1659) ahnt man, wie entsetzlich hilflos sich Eltern fühlten, wenn sie ihrem sterbenden Kind keine Linderung verschaffen konnten. Agnes, das drei Monate alte, todkranke Töchterchen, schreit vor Schmerzen und windet sich in seiner Qual:

Man hebt es an zu wiegen,
Es kann für Angst nicht liegen,
Man wiegt es auf der Hand
Mit ängstigen Gebärden,
Was daraus solle werden,
Ist Gott allein bekannt.

Den Eltern will zerspringen
Das Hertz bey solchen Dingen,
Sie gehn offt Schemen [d. h. Schatten] gleich:
Bis Gott ein Mittel findet,
Des Kindes Geist entbindet
Und nimmt ihn in sein Reich.

Indem Gott Agnes aus dem irdischen Elend erlöst und sie zu den Engeln bringt, beendet er auch das Leid ihrer Eltern:

Sprecht nach den langen Schmertzen
Auch Trost ein eurem Hertzen!
Senkt es im Glauben ein,
Folgt nach der kleinen Leichen,
Und lasst die Trauer-Zeichen
Auch mit begraben seyn!

Uns heutigen Hörern scheint es so, als sei Bachs Musik immer dann am schönsten, wenn es um das Sterben und die ewige Ruhe geht. Ist diese Eigenart dem Stil der Zeit geschuldet oder

ein individuelles Charakteristikum? Bach lebte in einer Zeit, die
noch eine *ars moriendi* kannte, eine Kunst des Sterbens und der
gedanklichen Vorbereitung auf den Tod durch Bücher, Gedichte
und Musik. Auch Bachs «Sterbekantaten» sollten den Hörer
zum Nachdenken über sein Ende bewegen. Sie entstanden jedoch nicht für Trauerfeiern, sondern beziehen sich auf bestimm-
te Evangelienlesungen und sind schon deshalb von ihrer Intenti-
on her überpersönlich. Gerade weil Bach mit seiner Musik die
Gemeinde ansprechen wollte, so wie es der Geistliche mit seiner
Predigt tat, musste er seine eigenen Emotionen zurücknehmen;
auch der Prediger legte das Wort aus, nicht seine subjektiven
Erfahrungen. Im Gegensatz zu vielen Komponisten, die in ihren
Textvertonungen kaum über Stereotypen hinauskamen, verfügte Bach jedoch über eine musikalische Ausdruckskraft, die seine
«Sterbekantaten» (z. B. *Komm, du süße Todesstunde* BWV 161
oder *Ich habe genung* BWV 82) weit über andere Werke dieser
Art hinaushebt und ihnen dadurch eben doch eine unverkenn-
bare, persönliche Prägung verleiht. Was er zu sagen hatte, erhielt dort größte Prägnanz, wo die Vorgaben des Textdichters
und Bachs eigene Vorstellung von Tod und Jenseits überein-
stimmten. Er selbst war mit Kirchenliedern groß geworden, deren Textdichter zum Teil noch den Dreißigjährigen Krieg miter-
lebt hatten und zu der Überzeugung gelangt waren, dass das ir-
dische Leben eine Hölle sei, der Tod als Pforte zum ewigen
Leben dagegen ein erstrebenswertes Ziel. Ein Beispiel dafür geben die Strophen 4, 5 und 8 des Chorals *Herr, nun laß in Friede*
von dem schlesischen Pastor David Behme (1605–1657):

Tränen muss ich lassen, weinen ohne Maßen,
schwere Gänge laufen mit der Christen Haufen,
über Sünde klagen, Kreuz und Trübsal tragen.

Nunmehr soll sichs wenden, Kampf und Lauf sich enden,
Gott will mich erlösen bald von allem Bösen,
es soll besser werden, als es war auf Erden.

Mein Erlöser lebet und mich selber hebet
aus des Todes Kammer, da liegt aller Jammer.
Fröhlich, ohne Schrecken, will er mich aufwecken.

Im 17. Jahrhundert verlor das Dogma vom jenseitigen Gericht und der Hölle als Ort der Bestrafung seine Drohkraft. Stattdessen durfte ein Christ auf Gottes unermessliche Barmherzigkeit hoffen – der Tod bedeutete nicht mehr Verdammnis, da Christus alle Sünden auf sich genommen hat: «Aus Liebe will mein Heiland sterben» ist der Schlüsselsatz der *Matthäus-Passion*; Gottes Liebe zu seinen Geschöpfen ist größer als das Böse in der Welt. In einem Rezitativ der Kantate *Ich will den Kreuzstab gerne tragen* BWV 56 schildert ein unbekannter Dichter den Weg durch die irdischen Anfechtungen zum Himmel als Reise über ein gefahrvolles Meer:

> Mein Wandel auf der Welt ist einer Schiffahrt gleich.
> Betrübnis, Kreuz und Not sind Wellen, welche mich bedecken
> Und auf den Tod mich täglich schrecken.
> Mein Anker aber, der mich hält, ist die Barmherzigkeit,
> Womit mein Gott mich oft erfreut.
> Der rufet so zu mir: Ich bin bei dir,
> Ich will dich nicht verlassen noch versäumen!
> Und wenn das wütenvolle Schäumen sein Ende hat,
> So tret ich aus dem Schiff in meine Stadt,
> Die ist das Himmelreich,
> Wohin ich mit den Frommen aus vielem Trübsal werde kommen.

Auch das Grab ist nicht mehr der Schreckensort, sondern das «Schlafkämmerlein», in dem der Verstorbene bis zu seiner Auferweckung in Frieden ruht. Gerade in den ersten Leipziger Jahren, als Bach nach heutigen Begriffen ständig überarbeitet war, muss die Vorstellung von vollkommener Ruhe für ihn eine große Anziehungskraft besessen haben. Kein anderes seiner Werke ist von dieser Sehnsucht so durchdrungen wie die Arie «Schlummert ein, ihr matten Augen» aus der 1727 entstandenen Kantate *Ich habe genung* BWV 82. Der niederländische Schriftsteller Maarten 't Hart nannte sie «wohl seine tiefsinnigste, kostbarste Schöpfung auf diesem Gebiet».

> Schlummert ein, ihr matten Augen,
> Fallet sanft und selig zu!

Welt, ich bleibe nicht mehr hier,
Hab ich doch kein Teil an dir,
Das der Seele könnte taugen.
Hier muss ich das Elend bauen,
Aber dort, dort werd' ich schauen
Süßen Frieden, stille Ruh.

Mit diesem Ziel vor Augen ließ sich das Leben meistern. Aus
der Vorfreude auf die Befreiung von allen Plagen heraus ist auch
die heitere Beschwingtheit der Arie «Ich freue mich auf meinen
Tod» (aus *Ich habe genung*) verständlich. Unbeantwortet bleibt
dennoch die Frage, ob Bach sie so tänzerisch komponierte, weil
man den Affekt der Freude eben musikalisch so auszudrücken
pflegte, oder ob er hier einen Einblick in sein Seelenleben gestat-
tet. Wie jeder Komponist fühlte er sich von manchen Texten
stärker angesprochen als von anderen. Wie jeder gute Komponist beherrschte er jedoch auch das Handwerk, Emotionen
überzeugend darzustellen, ohne notwendigerweise selbst von
ihnen ergriffen zu sein. Vielleicht kann man Bach mit einem genialen Schauspieler vergleichen, der sich an einem Abend in eine
tragische Rolle versenkt, am nächsten in einem Lustspiel glänzt
und beide Male sein Publikum hinreißt. Durch den ständig
wechselnden Charakter der Evangelienlesungen war ja auch
Bach gezwungen, sich von einem Sonntag zum nächsten auf
gänzlich unterschiedliche Affekte einzustellen – so schuf er eine
Woche nach der «Kreuzstab-Kantate» (27. Oktober 1726) die
zauberhaft leichte Kantate *Ich geh und suche mit Verlangen*
BWV 49 (3. November 1726), in der die Seele (Sopran) mit ihrem Heiland (Bass) durch das Duett «Dich hab ich je und je ge-
liebet» tanzt. Während Bachs Freudenmusik positiv überwältigend wirken kann, besitzen seine Kompositionen am dunklen
Ende der Gefühlsskala eine Subtilität des Ausdrucks, die sich
oft erst beim wiederholten Hören erschließt. Diese Musik mit
den eigenen Lebenserfahrungen zu verknüpfen, war und ist jedem einzelnen Hörer überlassen.

9. Anerkennung in Dresden, Verdruss in Leipzig: 1734–1740

Bachs Gesuch um die Ernennung zum sächsischen Hofkomponisten lag schon lange in Dresden vor, als die kurfürstliche Familie am 5. Oktober 1734 in Leipzig den ersten Jahrestag der Wahl Friedrich Augusts II. zum polnischen König feierte. Für dieses Fest komponierte Bach eine Kantate mit wahrhaft majestätischer Besetzung: *Preise dein Glücke, gesegnetes Sachsen* BWV 215 verlangt zwei Vokalchöre, eine getrennt aufgestellte Trompetergruppe und ein Orchester mit Flöten, Oboen, Streichern und Basso continuo. Wie ein Chronist berichtet, zogen um neun Uhr abends die Studenten mit brennenden Fackeln durch die Stadt zum Marktplatz, wo Trompeten und Pauken vom Rathausturm und der Waage erklangen. Den hohen Gästen, die wieder im Apelschen Haus am Markt abgestiegen waren, wurden gedruckte Textbücher zu der Kantate überreicht, und «nachgehends sind Ihro Königliche Majestät nebst Dero Königlichen Frau Gemahlin und Königlichen Printzen, so lange die Music gedauret, nicht vom Fenster weggegangen, sondern haben solche gnädigst angehöret, und [sie hat] Ihr. Majestät hertzlich wohlgefallen».

Es wäre für den Pragmatiker Bach einer Verschwendung gleichgekommen, aufwendige Werke wie die Kantaten für das sächsische Herrscherhaus nur einmal aufzuführen. Da ihm mit diesen Kompositionen ein großer Fundus von froh gestimmter Musik zur Verfügung stand, lag die Idee nahe, sie durch neue Sätze zu ergänzen und als Oratorium zum kirchlichen Freudenfest Weihnachten wiederzuverwenden. Innerhalb des Gottesdienstkalenders der Weihnachtsfeiertage konnte ein umfangreiches Werk allerdings nur Platz finden, wenn man es abschnittweise an Stelle der üblichen Kantate zu Gehör brachte. Bei diesen Überlegungen wird sich Bach an seine Reise nach Lübeck erinnert haben, wo Dieterich Buxtehude an den Adventssonntagen mehrteilige Abendmusiken veranstaltete. Jetzt war die Gelegenheit da, etwas Ähnliches in Leipzig zu organisieren: Sänger und Instrumentalisten kannten bereits einen so großen Teil der Musik, dass es möglich wurde, das *Weihnachts-Oratorium* BWV 248 in sechs Einzelkantaten zwischen dem 1. Weihnachtstag 1734 und dem Epiphaniasfest (6. Januar) 1735 zur Aufführung zu bringen. Einem sehr guten Librettisten (wahrscheinlich Picander) gelang es, den parodierten Sätzen neue Texte so perfekt anzupassen, dass sie mit den ganz neu gedichteten Teilen eine Einheit bilden. Am Beginn des ersten Teils steht beispielsweise der Eingangschor «Tönet, ihr Pauken! Erschallet, Trompeten!» aus der Kantate zum Geburtstag der Kurfürstin Maria Josepha vom Dezember 1733 (BWV 214), jetzt gesungen als «Jauchzet, frohlocket, auf, preiset die Tage!»; die Bass-Arie «Kron und Preis gekrönter Damen» aus derselben Kantate wurde zu «Großer Herr, o starker König». Man sollte meinen, dass dieses herausragende musikalische Ereignis große Beachtung gefunden hätte, doch auch in diesem Fall schweigen die Quellen zur Reaktion des Leipziger Publikums.

Rektor Johann Matthias Gesner, mit dem Bach so gut ausgekommen war, wurde im Oktober 1734 nach Göttingen berufen. An seine Stelle trat Johann August Ernesti (1707–1781), Sohn des früheren Rektors Johann Heinrich Ernesti (1652–1729) und seit 1731 Konrektor der Thomasschule. Wesentlich jünger als Bach, vertrat er eine neue Generation aufgeklärter Akademiker und setzte seinen Ehrgeiz darauf, die Thomasschule zu einer modernen Bildungsanstalt zu machen. In seinem ersten Amtsjahr war sein Verhältnis zum Kantor noch kollegial – das zeigte sich auch in Ernestis Übernahme einer Patenschaft für den am 5. September 1735 geborenen, letzten Bach-Sohn Johann Christian. Auch in der Bach-Familie vollzog sich in dieser Zeit ein Generationenwechsel: 1733 war Wilhelm Friedemann nach Dresden gegangen, um das Organistenamt an der Sophienkirche zu übernehmen, 1734 zog Carl Philipp Emanuel zum weiteren Studium nach Frankfurt/Oder, 1735 wurde Johann Gottfried Bernhard als Organist an die Marienkirche in Mühlhausen berufen. Für Catharina Dorothea war es längst an der Zeit zu heiraten, doch sie blieb ledig und half ihrer Stiefmutter, den elfjährigen Gottfried Heinrich, die neunjährige Elisabeth Juliana Friederica und den dreijährigen Johann Christoph Friedrich zu versorgen. Als Johann Christian geboren wurde, begann der 50 Jahre alte Bach, eine Chronik (*Ursprung der musicalisch-Bachischen Familie*) anzulegen. Er spürte, dass der traditionelle Zusammenhalt der Verwandten sich auflöste, und wollte sein Wissen über die Vorfahren rechtzeitig weitergeben. Nur zwei von seinen nächsten männlichen Verwandten wurden nämlich älter als 51 Jahre; keiner erreichte auch nur annähernd den 60. Geburtstag.

Wie es zu erwarten gewesen war, bahnte sich zwischen dem jungen Rektor und dem Kantor schon bald ein Konflikt an. Weil Ernesti einen Teil der Musikstunden durch wissenschaftlichen Unterricht ersetzen wollte, fühlte Bach sich in seinen Arbeitsmöglichkeiten bedroht. Es scheint ihm ohnehin schwergefallen zu sein, Weisungen von einem Vorgesetzten entgegenzunehmen, der sein Sohn hätte sein können, aber auf den Ruf des Älteren keine Rücksicht nahm. Zum offenen Bruch kam es, als Ernesti den obersten Präfekten (d. h. Bachs Stellvertreter als Chorleiter) Gottfried Theodor Krause von der Schule verwies, weil dieser einen jüngeren Schüler verprügelt hatte. Was Bach in Rage brachte, war die Ernennung eines neuen Generalpräfekten durch Ernesti, denn dieses Recht stand dem Kantor zu. Hätte der Rektor die Stelle dem begabtesten Alumnen gegeben, wäre Bach sicherlich einverstanden gewesen, doch «das gewählte Subject», ebenfalls Krause mit Namen, erwies sich als untauglich und wurde von Bach abgesetzt. Ernesti beharrte jedoch auf seiner Autorität in dieser Angelegenheit. In den folgenden, langwierigen «Präfektenstreit» wurden auch Rat und Superintendent einbezogen, ohne dass es zu einer Klärung gekommen wäre. Aus den mit gegenseitigen Vorwürfen und Rechtfertigungen gespickten Eingaben beider Parteien wird deutlich, wie hart Bach gegen den neuen Präfekten vorging: Der Kantor habe, wie Ernesti dem Rat mitteilte, Krause während des Gottesdienstes «mit großem Ungestüm» aus der Kirche gejagt, woraufhin Er-

nesti sich vom Superintendenten bestätigen ließ, es sei doch
«billiger, daß der Cantor dem Herrn Vorsteher und Rectori, als
dieser jenem *ad interim* nachgäbe. Ich ließ dieses dem Herrn
Cantori wißen, bekam aber darauf die Antwort: daß er sich daran durchaus nicht kehre, es möchte kosten was es wolle.»
Mehrere ähnliche Vorfälle folgten, bis Krause die Schule verließ
und das Verhältnis zwischen Bach und Ernesti in eine Art Waf-
fenstillstand überging. Nach 1738 sind zumindest keine Beschwerden über Bachs Amtsführung mehr bekannt.

Von der Leipziger Obrigkeit derart «bekränckt», erneuerte
Bach sein Gesuch um den Dresdner Hoftitel und wurde im
Herbst 1736 endlich zum «Königlich-Polnischen und Kurfürst-
lich-Sächsischen Hofcompositeur» ernannt. Mit diesem Prädi-
kat konnte er sich als protegierter Hofkünstler ausweisen, hatte
jedoch keine festen Verpflichtungen außer der gelegentlichen
Übersendung eines neuen Werkes. Anfang Dezember war Bach
in Dresden, nahm aus den Händen des Grafen Hermann Carl
von Keyserlingk die Urkunde entgegen und gab in der Frauen-
kirche ein Konzert auf der großen Silbermann-Orgel, die erst
eine Woche zuvor geweiht worden war. Aus der Zeitung erfuh-
ren die Leipziger, ihr Kantor habe sich zwei Stunden lang in Gegenwart von Aristokraten und vielen anderen «Personen und
Künstlern, auf der neuen Orgel mit besonderer Admiration hören lassen». In dem kurländischen Grafen Keyserlingk, der von
1733 bis 1745 und von 1749 bis 1752 als russischer Gesandter
in Dresden residierte, fand Bach einen Förderer und großzügigen Mäzen.

Während der Präfektenstreit noch im Gange war, geriet Bach
in eine zweite Auseinandersetzung. Ausgelöst wurde sie durch
eine Kritik an zehn Komponisten, die Johann Adolph Scheibe
anonym in seiner Zeitschrift *Der Critische Musicus* (1737) her-
ausbrachte. Keiner der Komponisten wird darin mit Namen genannt, doch dank der lobenden (!) Beschreibung seiner Virtuosität ist Bach sofort kenntlich. Als Angehöriger der jungen Generation, die sich am «galanten Stil» mit seiner gesanglich
fließenden Melodik orientierte, tadelt Scheibe allerdings Bachs
Kompositionsweise: «Dieser grosse Mann würde die Bewunde-

rung gantzer Nationen seyn, wenn er mehr Annehmlichkeit hätte, und wenn er nicht seinen Stücken durch ein schwülstiges und verworrenes Wesen das Natürliche entzöge, und Schönheit durch allzugrosse Kunst verdunkelte.» Im Vergleich mit den Anwürfen, welche die übrigen Komponisten erdulden müssen, ist dies noch ein sanfter Verweis. Seit kurzem ist ein Exemplar des *Critischen Musicus* mit einer Namensentschlüsselung in der Handschrift Johann Gottfried Walthers bekannt. Daraus geht hervor, dass Scheibe den Merseburger Kapellmeister Johann Theodor Roemhildt nicht nur als Komponisten, sondern auch wegen seiner (angeblichen) Charakterschwächen attackierte und über Johann Gottlieb Görner, den Organisten der Thomaskirche, das Urteil fällte, er kenne keine musikalischen Regeln und sei ein ausnehmend grober Mensch. Gnade vor den Ohren des Besserwissers fand allein Johann Adolf Hasse als Meister eines «natürlichen» Stils. Keiner der Angegriffenen reagierte persönlich darauf, doch der hochmusikalische Leipziger Magister Johann Abraham Birnbaum publizierte in zwei Gegenschriften eine Verteidigung Bachs. Er entlarvte nicht nur Scheibes dilettantisches Musikverständnis, sondern gab seinen Lesern einen tiefen Einblick in die «Vollkommenheiten, welche dem Herrn Hof-Compositeur unstreitig eigen sind». Dem hatte sein Kontrahent nichts entgegenzusetzen, und so endete der Disput damit, dass Scheibe in den Neudruck des *Critischen Musicus* (1745) eine halbherzige Entschuldigung einfügte.

Als Privatsekretär und Hauslehrer wohnte Johann Sebastians entfernter Vetter Johann Elias Bach (1705–1755) von 1737 bis 1742 im Thomasschulhaus. Zu unterrichten waren Elisabeth Juliana Friederica und Johann Christoph Friedrich; vielleicht betreute er auch Gottfried Heinrich, während Anna Magdalena sich dem 1735 geborenen Johann Christian und von 1737 an wieder einer kleinen Tochter, Johanna Carolina, widmete. Briefe, die Johann Elias an seine Familie schrieb, geben rare Einblicke in das Privatleben der Kantorenfamilie und überliefern sympathische Details wie seine Bemühungen, für Anna Magdalena seltene gelbe Nelken aufzutreiben, da sie «eine große Liebhaberin von der Gärtnerey» war. Als die kostbaren Topfpflanzen in

Leipzig ankamen, teilte Johann Elias ihrem Absender mit, dass
«meine Frau Muhme [...] dieses unverdiente Geschencke höher
schäzet, als die Kinder ihren Christ-Beschehr, und also abwartet
[d. h. sich um sie kümmert], wie man kleine Kinder zu warten
pfleget, damit ja keines davon eingehen möge». 1740 versuchte
Johann Elias, von einem Kantor in Glaucha einen zahmen
Hänfling zu erwerben. Bach war dort zu Besuch gewesen und
hatte Anna Magdalena von dem kleinen Sänger berichtet. Wenn
auch nicht bekannt ist, ob der Kollege den Vogel hergeben
mochte, zeigen diese Episoden doch, dass es in der Bach-Familie
durchaus andere Themen als die Musik gab – auch, dass die
Kinder Weihnachtsgeschenke bekamen, was zu dieser Zeit nicht
selbstverständlich war.

Auf seine zwei ältesten Söhne konnte Bach stolz sein: Wilhelm Friedemann galt in Dresden als exzellenter Organist und
Komponist; Carl Philipp Emanuel trat 1738 als Cembalist in
den Dienst des preußischen Kronprinzen Friedrich. Johann
Gottfried Bernhard, der dritte Sohn, machte seinem Vater dagegen großen Kummer. Er hatte sein Organistenamt in Mühlhausen 1737 aufgegeben, weil er hoch verschuldet war. Mit Unterstützung seines Vaters fand er in Sangerhausen eine neue Anstellung, verschwand jedoch im Frühjahr 1738 spurlos. Bach hörte
davon erst, als ein Sangerhäuser Ratsherr bei ihm anfragte, ob
Johann Gottfried Bernhard in Leipzig sei. Aus seinem Brief an
Johann Friedrich Klemm spricht die Verzweiflung eines hilflo-
sen Vaters: «Mit was [für] Schmerzen und Wehmuth aber diese
Antwort abfaße, können Eu:[er] HochEdlen von selbsten als ein
Liebreich- und wohlmeynender Vater Dero Liebsten Ehe-Pfän-
der beurtheilen. Meinen (leider mißrathenen) Sohn habe seit
vorm Jahre [...] nicht mit einem Auge wieder gesehen.» In der
Hoffnung, sein Sohn würde sich bessern, hatte Bach in Mühlhausen die Schulden beglichen und das Quartiergeld bezahlt.
«Ich muß aber mit äußerster Bestürtzung abermahligt vernehmen, daß er wieder hie und da aufgeborget, seine Lebens-
Arth nicht im geringsten geändert, sondern sich gar *absentiret*
und mir nicht den geringsten *part* seines Aufenthalts biß *dato*
wißend gemacht. Waß soll ich mehr sagen oder thun? Da keine

Vermahnung, ja gar keine liebreiche Vorsorge und *assistence* mehr zureichen will, so muß mein Creütz in Gedult tragen [...]»

Heute weiß man, dass Johann Gottfried Bernhard sich im Januar 1739 zum Jurastudium an der Universität Jena einschrieb. Nur vier Monate später starb er dort im Alter von 24 Jahren. Wann sein Vater erfuhr, was aus ihm geworden war, ist ungewiss. Wie sehr ihn das Verschwinden seines «mißrathenen Sohnes» bedrückt haben muss, geht aus Bachs Verhalten während einer neuerlichen Reiberei mit dem Rat im Frühjahr 1739 hervor: Auf die Nachricht, für die Passionsmusik müsse eine formelle Erlaubnis vorliegen, antwortete er dem Ratssekretär, «er frage nichts darnach, denn er hätte ohnedem nichts darvon, und wäre nur ein *onus*» – eine Last. Dieses Wort bezieht sich nur auf die Passionsaufführung, nicht auf Bachs gesamte Arbeit. Es zeigt jedoch, dass die Schaffenskraft des Kantors zumindest zeitweilig an ihre Grenzen stieß.

Bach als Musiker und Lehrer

Wo immer Bachs Zeitgenossen Aussagen zu seinem Orgelspiel hinterließen, ist von stupender Virtuosität die Rede. Besonders das geradezu unglaublich anmutende Pedalspiel erregte Bewunderung: «Auf dem Pedale mussten seine Füße jedes Thema, jeden Gang ihren Vorgängern, den Händen, auf das Genaueste nachmachen. [...] Er machte mit beiden Füßen zugleich lange Doppeltriller, indessen die Hände nichts weniger als müßig waren. Und Herr Hiller sagt nicht zu viel, wenn er behauptet, daß er mit den Füßen Sätze ausgeführet hat, die den Händen manches nicht ungeschickten Klavierspielers zu schaffen machen würden.» Ernst Ludwig Gerber, der diese Beschreibung 1790 veröffentlichte, hatte Bach nicht mehr selbst gehört, sondern verließ sich auf Überlieferungen aus dem Schülerkreis. Dagegen zeigt ein Brief des Cembalisten Georg Heinrich Ludwig Schwanenberger aus dem Jahr 1727 ganz unmittelbar, welche Fassungslosigkeit sogar ein geübter Musiker bei der ersten Begegnung mit dem Virtuosen Bach empfand: «ich möchte wünschen

daß er Herrn Bachen auff der Orgel mahl hörete [...] ich habe
so etwas noch niemahls gehöret, und ich mus meine Spielart
gantz anders ändern, denn es [d. h. Schwanbergers Spiel] vor
nichts zu rechnen ist, wie auch im General-Bass.»

Als «wunderbar erregend und schnell» beschrieb der Minde-
ner Kantor Constantin Bellermann 1743 Bachs Spielweise.
Ähnlich temperamentvoll trat der Thomaskantor auch als En-
sembleleiter auf: «Im Dirigiren war er sehr accurat, und im
Zeitmaaße, welches er gemeiniglich sehr lebhaft nahm, überaus
sicher», heißt es im *Nekrolog*. Dazu passt das Bild, das Johann
Matthias Gesner von Bach zeichnet, wie er ein groß besetztes
Werk aufführt und dabei «auf alle zugleich achtet und von 30
oder gar 40 Musizierenden diesen durch ein Kopfnicken, den
Nächsten durch Aufstampfen mit dem Fuß, den Dritten mit
drohendem Finger zu Rhythmus und Takt anhält, dem einen
in hoher, dem andern in tiefer, dem Dritten in mittlerer Lage
seinen Ton angibt; wie er ganz allein mitten im lautesten Spiel
der Musiker, obwohl er selbst den schwierigsten Part hat, doch
sofort merkt, wenn irgendwo etwas nicht stimmt; wie er alle
zusammenhält und überall abhilft und wenn es irgendwo
schwankt, die Sicherheit wiederherstellt; wie er den Takt in allen Gliedern fühlt, die Harmonien alle mit scharfem Ohre prüft,
allein alle Stimmen mit der eigenen begrenzten Kehle hervor-
bringt [...]» (1738, im Original lateinisch). Schildert Gesner
hier eine Probe oder die Situation während des Gottesdienstes?
Man sieht Bach förmlich vor sich, wie er versucht, die vielstim-
mige Darbietung vor dem Auseinanderfallen zu bewahren – für
jede neue Sonntagsmusik standen ihm ja nur zwei Stunden Vor-
bereitungzeit am Sonnabend zur Verfügung. Schon das Ein-
üben einer Arie mit einem der Sängerknaben wird bis zu einer
halben Stunde gedauert haben, und so blieb ihm wahrscheinlich häufig nichts anderes übrig, als einzelne Sätze im Gottesdienst vom Blatt zu musizieren. «Sein Gehör war so fein», heißt
es im *Nekrolog*, «daß er bey den vollstimmigsten Musiken,
auch den geringsten Fehler zu entdecken vermögend war. Nur
Schade, daß er selten das Glück gehabt, lauter solche Ausführer
seiner Arbeit zu finden, die ihm diese verdrießlichen Bemerkun-

gen ersparet hätten.» Auch die Verwirklichung der eigenen musikalischen Ideen brachte Bach also öfters Verdruss, nicht zuletzt wegen der Problematik eines jeden Schulchors, dass nämlich «alljährlich einige von denen, so in *musicis* was gethan haben, von der Schule ziehen». Immer wieder musste er qualifizierte Sänger verabschieden und einen neuen Schülerjahrgang neu ausbilden.

Im Privatleben, im Umgang mit Schülern und Gästen zeigte sich Bach dagegen von einer so freundlichen und humorvollen Seite, dass manche Neuankömmlinge ganz überrascht waren. Der junge, 1724 nach Leipzig gezogene Organist Heinrich Nikolaus Gerber etwa fand ein halbes Jahr lang nicht den Mut, um bei dem «großen Mann» vorzusprechen. Als ein anderer Organist ihn einführte, wurde er überaus herzlich empfangen, ebenso wie Johann Balthasar Reimann, der von Hirschberg in Schlesien eigens nach Leipzig reiste, um Bach spielen zu hören. In seiner Autobiographie (1740) hob auch er das gute Einvernehmen mit Bach hervor: «Dieser grosse Künstler nahm mich liebreich auf, und entzückte mich dermaassen durch seine ungemeine Fertigkeit, daß mich die Reise niemahls gereuet hat.» Es war für Bach selbstverständlich, Besucher ins Haus zu bitten – man liest nirgends davon, dass er jemanden abgewiesen hätte. Obwohl sein Arbeitstag lang war, scheint es das Wort «keine Zeit» nicht gegeben zu haben.

Während seiner gesamten Laufbahn bildete Bach an die hundert Schüler aus, die ihrerseits professionelle Musiker wurden. Wie viele namentlich nicht weiter bekannte Amateure er außerdem unterrichtete, ist unbekannt. Zu den bekanntesten Bach-Schülern zählen heute (neben seinen Söhnen) Johann Ludwig Krebs (1713–1780), Johann Christian Leberecht Kittel (1732–1809) und Johann Christoph Altnickol (1719–1759), der 1749 Bachs Tochter Elisabeth Juliana Friederica heiratete. Bach selbst hätte vielleicht andere Namen genannt: Er hielt Johann Caspar Vogler (1696–1763), der schon als Zehnjähriger 1706 zu ihm nach Arnstadt kam, für den «größten Meister auf der Orgel, den er gebildet hatte». Leider ist dieses Urteil nicht mehr verifizierbar, da die Kompositionen des späteren Weimarer Hoforganisten anscheinend 1774 bei dem Brand des Weimarer Schlosses vernichtet wurden.

Der Unterricht bei Bach begann am Cembalo mit Übungen zur Stärkung aller Finger. Gleichzeitig sollte der Schüler einen deutlichen, sauberen Anschlag trainieren – nach Bachs Meinung am besten ein ganzes Jahr lang. Wenn er merkte, dass jemand dabei die Geduld verlor, komponierte er rasch neue kleine Werke «und nahm dabey bloß auf das gegenwärtige Bedürfniß des Schülers Rücksicht». Während man bei anderen Lehrern in solchen Fällen mit Ärger zu rechnen hatte, fand man bei Bach individuelle Förderung und Nachsicht; auch das wird zu seiner Beliebtheit und Berühmtheit beigetragen haben. Wer die zwei- und dreistimmigen *Inventionen* beherrschte, durfte zu den Cembalo-Suiten fortschreiten und nahm schließlich das *Wohltemperierte Klavier* durch, stets in Verbindung von Klavier- und Kompositionsunterricht. Bei den Orgelstunden ließ Bach seine Schüler schon bald einfache Choralsätze spielen, damit sie eine kleine Organistenstelle übernehmen und selbst Geld verdienen konnten. Solange die jungen Komponisten die Regeln des klassischen Kontrapunkts befolgten, durften sie sich in ihren eigenen Werken große Freiheiten erlauben. Nachlässigkeit duldete Bach jedoch nie – jegliches «Mantschen» (so nannte er satztechnische Unsauberkeiten) wurde getadelt.

Es gehörte zur Ausbildung, dass die Fortgeschrittenen bei der Musik im Gottesdienst mitwirkten. Johann Christian Leberecht Kittel erinnerte sich noch lange nach dem Tod seines Lehrers daran, welche Überraschungen man dabei erleben konnte: «Wenn Seb. Bach eine Kirchenmusik aufführte, so mußte allemal einer von seinen fähigsten Schülern auf dem Flügel *accompagnieren; man kann wohl vermuten, dass man sich da mit einer mageren Generalbaßbegleitung ohnehin nicht vorwagen durfte. Dem ohngeachtet mußte man sich darauf gefaßt halten, dass sich plötzlich Bachs Hände und Finger unter die Hände und Finger des Spielers mischten und ohne diesen weiter zu genieren, das Accompagnement mit Massen von Harmonien ausstaffierten, die noch mehr imponierten, als die unvermutlich nahe Gegenwart des strengen Lehrers.» Wie Ernst Ludwig Gerber von seinem Vater Heinrich Nikolaus Gerber wusste, ließ Bach von Zeit zu Zeit den regulären Unterricht ausfallen und genoss das Zusammensein mit guten Schülern: «Mein Vater rechnete die unter seine seligsten Stunden, wo sich Bach, unter dem Vorwande, keine Lust zum Informiren zu haben, an eines seiner vortreflichen Instrumente setzte und so diese Stunden in Minuten verwandelte.»

10. Das letzte Jahrzehnt: 1740–1750

Nach wie vor erfüllte Bach seine Verpflichtungen als Thomaskantor, hielt aber den Zeitaufwand dafür niedrig und konzentrierte sich stattdessen auf die Arbeit an mehreren großen Werken, die anderen Zwecken als der Leipziger Kirchenmusik dienten. Er konnte sich diesen selbstgestellten Aufgaben umso ruhiger widmen, da seine finanzielle Situation sich verbessert hatte, seit die ältesten Söhne selbständig geworden waren. Bach tätigte nun sogar eine Investition mit einem gewissen Risiko, indem er 1741 einen Anteil an einem Bergwerk im Erzgebirge erwarb. Außerdem kam im Laufe der Jahre eine ansehnliche Privatsammlung von Musikinstrumenten zusammen: 1750 besaß Bach fünf Cembali, zwei *Lautenwerke, ein Spinett, drei Violinen, eine Piccolovioline, drei Bratschen, ein *Bassetgen, zwei Violoncelli, eine Viola da Gamba und eine Laute. Sicherlich waren viele dieser Instrumente zuvor im Collegium Musicum gespielt worden, das Bach definitiv bis Mai 1741 leitete, möglicherweise noch einige Jahre darüber hinaus. 1746 übernahm der Neukirchen-Organist Carl Gotthelf Gerlach endgültig die Direktion, nachdem er zeitweilig schon als Vertreter Bachs fungiert hatte.

Seit Kronprinz Friedrich von Preußen 1740 als Friedrich II. den Thron bestiegen hatte, wohnte Carl Philipp Emanuel in Berlin, das von Leipzig aus bequem zu erreichen war. Um seinen Sohn zu sehen und alte Bekannte wiederzutreffen, unternahm

Bach im August 1741 eine private Reise nach Berlin. Sie geriet
für ihn beinahe zu einer Wiederholung des Karlsbader Alp-
traums: Anna Magdalena erkrankte in Leipzig so schwer, dass
man um ihr Leben fürchtete und die Kinder ihren Vater dringend baten, rasch zurückzukehren. Dieses Mal blieb dem al-
ternden Thomaskantor die Tragödie jedoch erspart. Als er mit
den schlimmsten Vorahnungen zuhause eintraf, war seine Frau
zwar noch sehr schwach, aber schon auf dem Weg der Genesung.

Im Oktober ging es Anna Magdalena wieder so gut, dass
Bach sich erneut auf die Reise begeben konnte. Er fuhr nach
Dresden, um Graf Keyserlingk ein druckfrisches Exemplar des
4. Teils der *Clavier-Übung* zu überreichen – die *Aria mit 30 Ver-
änderungen vors Clavicimbal mit 2 Manualen* BWV 988. Den
Namen «Goldberg-Variationen» verdankt das Werk einer von
Johann Nikolaus Forkel erst 1802 veröffentlichten Anekdote:
Keyserlingk, der unter Schlaflosigkeit litt, bestellte demnach bei
Bach einige Stücke, die sein Hauscembalist Johann Gottlieb
Goldberg (1727–1756) ihm nachts vorspielen sollte. Von Bachs
Variationen, so Forkel, sei Keyserlingk so angetan gewesen,
dass er den Komponisten mit 100 Louisdors belohnt habe. Lange nach Bachs Tod niedergeschrieben, ist diese Geschichte ein
Konglomerat aus Dichtung und Wahrheit. Bach muss geplant
haben, sich bei Keyserlingk für dessen Unterstützung bei der Bewerbung um den Titel des Hofkomponisten zu bedanken. Da
aber der Druck der *Aria mit 30 Veränderungen* keine Widmung
enthält und da Johann Gottlieb Goldberg 1741 erst 14 oder
15 Jahre alt war, wird Forkels Bericht vielfach angezweifelt.
Möglicherweise erhielt der Graf von Bach ein kostbar einge-
bundenes Exemplar mit persönlicher Widmung; vielleicht entwickelte sich Goldberg später zu einem hervorragenden Interpreten der Variationen. In der Forschung kursieren mehrere
Versionen der Entstehungsgeschichte, die denkbar, aber nicht
zu beweisen sind.

Schon fast 57 Jahre alt, durfte Bach sich am 22. Februar 1742
über die Geburt seines letzten Kindes freuen – einer Tochter, die
auf den Namen Regina Susanna getauft wurde. Kurz zuvor

wollte Johann Elias Leipzig verlassen, blieb aber auf gutes Zu-
reden von Bachs Seite doch noch bis zum Oktober. Dann nahm
er eine Stelle als Hauslehrer in Zöschau an und kehrte 1743 in
seine Heimatstadt Schweinfurt zurück, wo er zum Kantor berufen wurde.

Die kirchenmusikalische Routine, wie er sie seit zwanzig Jahren kannte, durchzog auch Bachs letzte Lebensjahre: Von ihm
geleitete Aufführungen der allsonntäglichen «Haupt-Musiken»,
der Passionsmusik am Karfreitag und der Ratswahlkantate im
August fanden nach wie vor statt, sind aber nur in wenigen Fällen so gut dokumentiert, dass man die Daten mit bestimmten
Werken in Verbindung bringen kann. Es ist auch nicht mit Gewissheit zu sagen, wann Bach das Großprojekt des *Wohltemperierten Klaviers* durch die Fertigstellung des zweiten Teils
(BWV 870–893) und einige Verbesserungen des ersten, schon in
Köthen geschriebenen Teils komplettierte – der Zeitpunkt lag
zwischen 1742 und 1744. Damit war eine Sammlung von insgesamt 24 Präludien und 24 Fugen in allen Tonarten vollendet,
die über den pädagogischen Aspekt hinaus eine musikalische
Qualität und Originalität von singulärem Rang aufweist. In vielen Abschriften und von 1801 an auch im Druck verbreitet,
wurde das *Wohltemperierte Klavier* zu einem Hausbuch für Generationen von Pianisten und Organisten. Ludwig van Beetho-
vens Lehrer Christian Gottlob Neefe nannte es 1783 «fast das
non plus ultra» der gesamten Musikgeschichte.

Während die jüngsten Kinder der Bach-Familie heranwuch-
sen, feierte Carl Philipp Emanuel Anfang 1744 als erster der älteren Söhne Hochzeit. Bei der Trauung war Johann Sebastian
Bach nicht anwesend, möglicherweise aus gesundheitlichen
Gründen. Es ist denkbar, dass eine fünfwöchige Reise mit unbe-
kanntem Ziel, die er zwischen Anfang April und Mitte Mai
1744 unternahm, in den böhmischen Kurort Teplitz führte. Da
Carl Philipp Emanuel dort 1743 Besserung für seine Gicht gefunden hatte, versprach sich vielleicht auch sein Vater von den
warmen Quellen eine Linderung erster Altersbeschwerden.

Im Dezember 1745 kam Carl Philipp Emanuels erster Sohn
Johann August zur Welt. Johann Sebastian übernahm die Pa-

tenschaft für sein erstes Enkelkind, scheint aber nicht zur Taufe gefahren zu sein, weil Leipzig im Zuge des Zweiten Schlesischen Krieges (1744/45) gerade zu dieser Zeit unter preußischer Besatzung stand. Die feindlichen Truppen verließen die Stadt erst am Neujahrstag 1746. Von 1746 bis 1748 hielt sich Bachs Förderer Graf Keyserlingk in Berlin auf. Er war es wohl, der eines der bekanntesten Ereignisse im Leben des Thomaskantors vorbereitete – den Besuch bei Friedrich II. in Potsdam am 7. und 8. Mai 1747. Begleitet von Wilhelm Friedemann und sicherlich auch von Carl Philipp Emanuel, wurde Bach gleich nach seiner Ankunft vom König empfangen. Er sollte jedoch kein Cembalokonzert geben, sondern an einem *Pianoforte eine vierstimmige Fuge über ein von Friedrich II. angegebenes Thema improvisieren. Das war für ihn eine leichte Aufgabe; schwieriger wurde es jedoch, als der König eine sechsstimmige Fuge zu hören wünschte. Bach sah, dass das königliche Thema für eine derart komplexe Fuge ungeeignet war, und scheute sich nicht, stattdessen ein eigenes Thema zu verwenden. Er führte die sechsstimmige Fuge «zur Verwunderung des Königs, und der anwesenden Tonkünstler» aus und gab am folgenden Tag noch ein Orgelkonzert in der Potsdamer Heiliggeistkirche, bevor er nach Berlin weiterfuhr und dort das Opernhaus besichtigte. In Leipzig arbeitete Bach bald nach seiner Rückkehr mehrere mustergültige Umsetzungen des königlichen Themas aus und ließ sie, mit einer Widmung an Friedrich II. versehen, unter dem Titel *Musicalisches Opfer* (BWV 1079) im September 1747 drucken. Darin enthalten sind zwei Fugen, eine Triosonate für Flöte, Violine und Basso continuo sowie zehn Kanons.

Wenige Wochen nach der Berlin-Reise erhielt Bach Besuch von seinem früheren Schüler Lorenz Christoph Mizler, der 1738 eine «Societät der musicalischen Wissenschaften» gegründet hatte und Bach dazu überreden konnte, in diese korrespondierende Vereinigung von Freunden der «musicalischen Gelehrtheit» einzutreten. Zweimal im Jahr zirkulierte im Kreis der Mitglieder ein Paket, zu dem jeder Einzelne eine möglichst kunstvolle Komposition beisteuerte. Bach hielt sich an diese Regel – er reichte den dreifachen Kanon zu sechs Stimmen BWV 1076 ein, den er auf dem Haußmann-Porträt in der Hand hält, außerdem das *Musicalische Opfer* und die 1747 gedruckten *Kanonischen Veränderungen über ‹Vom Himmel hoch›* BWV 769. Mizler war überzeugt, dass er «noch viel mehr gethan haben [würde], wenn ihn nicht die kurze Zeit, indem er nur drey Jahre in solcher [Societät] gewesen, davon abgehalten hätte».

Was Bach dazu bewog, sich 1748/49 seine 1733 nach Dresden geschickten Kopfsätze (Kyrie und Gloria) der *Messe in h-Moll* BWV 232 wieder vorzunehmen und sie mit dem Credo und weiteren Sätzen zu einer vollständigen Messe zu ergänzen, lässt sich nicht mehr feststellen. Aus Parodien und älteren Kompositionen zusammengefügt, besitzt die Messe keinen stilistisch einheitlichen Charakter, doch gerade das ist das typische Kennzeichen festlicher katholischer Messen aus der zweiten Hälfte des 18. Jahrhunderts: Den unterschiedlich gestimmten Teilen der Liturgie entsprechend, waren Kontraste erwünscht und notwendig. An bestimmten Stellen (z. B. bei der Wiederholung des «Kyrie eleison») stand üblicherweise eine Fuge, während andere Abschnitte in Form von Arien oder als *homophone Chorsätze gestaltet wurden. Bachs «große catholische Messe» (wie sie im Familienkreis hieß) reiht sich mühelos in eine Tradition der Messvertonung ein, die in Dresden durch Werke von Jan Dismas Zelenka vertreten war und in Österreich über die großen Messen von Joseph Haydn und Wolfgang Amadeus Mozart bis ins 19. Jahrhundert weitergegeben wurde. Einen möglichen Anlass für die Ausarbeitung der *Messe in h-Moll* in der vollständigen Form sehen heute viele Bach-Forscher in der Einweihung der katholischen Hofkirche in Dresden. Sie sollte bereits vor 1750 stattfinden, verzögerte sich jedoch bis 1751. Zelenka, als «Kirchen-Compositeur» für solche Gelegenheiten zuständig, war 1745 gestorben, so dass Bach mit einer Festmesse seinen Pflichten als Hofkomponist nachgekommen wäre. Hätte der Kirchenbau nicht unter so vielen technischen Problemen gelitten, dann wäre die Aufführung einer katholischen Messe in einer katholischen Kirche vielleicht der letzte Höhepunkt im Leben des Thomaskantors gewesen.

Als Bach im Frühjahr 1749 eine Einladung oder einen Kom-

positionsauftrag von dem böhmisch-österreichischen Kunstmä-
zen Johann Adam Graf Questenberg erhielt, bezeugte er «ungemeine Freude». Worum es sich dabei handelte, ist unbekannt,
weil sich Bachs Gesundheitszustand vom Mai 1749 an ver-
schlechterte und er Questenbergs Wunsch nicht mehr erfüllen
konnte. In Leipzig rechnete man mit seinem baldigen Tod – anders ist es nicht zu erklären, dass schon im Juni 1749 eine inoffizielle Kantoratsprobe stattfand. Den einzigen Kandidaten,
Gottlob Harrer, hatte der sächsische Premierminister Heinrich
von Brühl dem Leipziger Rat mit einer derart dringenden Emp-
fehlung aufgenötigt, dass man ihn nicht ignorieren konnte. Immerhin reichte das Anstandsgefühl der Ratsherren noch so weit,
die Veranstaltung nicht in einer der Kirchen, sondern im Kon-
zertsaal eines Gasthauses abzuhalten. Sie endete damit, dass
man Harrer versicherte, ihn bei der Neubesetzung der Stelle
nicht zu übergehen.

Seit etwa 1742 arbeitete Bach an seinem letzten großen Werk,
der *Kunst der Fuge* BWV 1080. Die Grundidee dieses einzigartigen Projektes bestand «in der Entdeckung und Auslotung der
kontrapunktischen Möglichkeiten, die einem einzigen musikalischen Thema innewohnen. Das sorgfältig konstruierte Thema
sollte viele Sätze hergeben, jeder von ihnen ein oder mehrere
Prinzipien des Kontrapunkts demonstrieren und damit in sich
geschlossene Fugenformen erzielen» (Christoph Wolff). In der
endgültigen Fassung ordnete Bach vierzehn Fugen und vier Kanons so an, dass sie eine Art Lehrbuch der Kompositionskunst
von einfachen bis zu hochkomplizierten Fugenarten und strengen Kanons bilden. Nur die letzte Fuge mit vier Themen (von
denen eines in Tönen den Namen B-A-C-H zitiert) blieb unvollständig. Als Carl Philipp Emanuel das Werk 1751 drucken ließ,
setzte er aus einzelnen Manuskripten seines Vaters noch zwei
Fugen für zwei Cembali und den ebenfalls unvollendeten Choral «Wenn wir in höchsten Nöthen sein» dazu. Um die Stimm-
führungen klar darzustellen, wurden die Fugen im Partitursys-
tem gedruckt, was zu vielen Mutmaßungen über die Besetzung
geführt hat. Schon 1952 wies der Cembalist und Organist Gus-
tav Leonhardt jedoch völlig eindeutig nach, dass die *Kunst der*

Fuge für das Cembalo bestimmt ist. Wie später das Klavier, war es in der Barockzeit das Universalinstrument für Werke, die man zum Selbststudium verwenden sollte und in denen man gleichzeitig theoretische Belehrung wie auch «Ergötzung des Gemüths» fand.

Unterstützt von seinem jüngsten Sohn Johann Christian und einem Chorpräfekten, ging Bach noch bis zum Frühjahr 1750 seiner Arbeit nach, soweit es ihm möglich war. Was ihm zusetzte, waren Sehprobleme, die er durch eine Operation beheben lassen wollte. Sie wurde Ende März von dem reisenden englischen Augenarzt Sir John Taylor durchgeführt und brachte kurzzeitig Erfolg, musste aber eine Woche später wiederholt werden. Dabei scheint es zu einer Wundinfektion gekommen zu sein. Obwohl Bach nun vollständig blind und körperlich geschwächt war, nahm er im Mai noch Johann Gottfried Müthel (1728–1788) als neuen Schüler an, rechnete also durchaus mit seiner Genesung. Tatsächlich besserte sich im Juli sein Zustand; er konnte eines Tages wieder einigermaßen sehen, erlitt aber nur wenige Stunden später einen Schlaganfall und starb am Abend des 28. Juli 1750. Drei Tage später wurde er auf dem Johannisfriedhof beigesetzt.

Weil Bach kein Testament hinterlassen hatte, wurde Ende Juli 1750 ein Inventar angefertigt und der unter den Erben zu verteilende Nachlass auf einen Gesamtwert von 1122 Talern taxiert. Um seine Stiefmutter und die Schwestern versorgen zu können, bewarb sich Carl Philipp Emanuel um die Nachfolge seines Vaters, wurde aber zugunsten des Brühl-Schützlings Harrer abgelehnt. So bezog Anna Magdalena mit den jüngeren Töchtern ein Haus in der Hainstraße, wo sie von regelmäßigen Zahlungen des städtischen Almosenamtes und anderen Zuwendungen lebten. Catharina Dorothea zog zu Wilhelm Friedemann nach Halle, Johann Christian ging mit Carl Philipp Emanuel nach Berlin und Gottfried Heinrich wurde von seiner in Naumburg lebenden Schwester Elisabeth Juliana Friederica und ihrem Mann Johann Christoph Altnickol aufgenommen. Nach Anna Magdalenas Tod im Februar 1760 bildeten die verbliebenen, ledigen Töchter und die inzwischen verwitwete Elisabeth

Juliana Friederica Altnickol eine Wohngemeinschaft. Auch sie erhielten noch Almosen- und Legatszahlungen sowie Überweisungen von Carl Philipp Emanuel, verdienten aber den größten Teil ihres Lebensunterhalts mit Näharbeiten. Als um 1800 bekannt wurde, dass die letzte noch lebende Bach-Tochter Regina Susanna dringend Unterstützung brauchte, brachte ein Spendenaufruf in Berlin, Leipzig und Wien mehrere hundert Taler für sie zusammen. Sie starb am 14. Dezember 1809. Im späten 19. Jahrhundert hielt sich nur noch in den Kreisen der Thomasschüler die Erinnerung, dass Bach sechs Schritte vor der Südtür der Johanniskirche begraben worden war – einen Grabstein hatte es nie gegeben. Gebeine, die man an dieser Stelle fand, wurden 1894 in einem neuen Sarkophag unter dem Chorraum der Johanniskirche beigesetzt und nach der Kriegszerstörung des Gotteshauses 1949 in die Thomaskirche überführt.

II. «... die Kunst der Töne aus dem Grunde studiren ...»

Entgegen landläufigen Vorstellungen wurde Bach nach seinem Tod niemals gänzlich vergessen. Obwohl die jüngeren Komponisten andere Wege einschlugen, sahen sie in seinen Klavierwerken nach wie vor grundlegendes Studienmaterial – man denke nur an Wolfgang Amadeus Mozart, der sich 1782 eine Sammlung von Bach-Fugen anlegte, oder an Ludwig van Beethoven, der schon im Alter von elf Jahren das *Wohltemperierte Klavier* spielte. Während diese Beispiele von Bachs «musicalischer Gelehrtheit» als Abschriften und von etwa 1800 an in zahlreichen Druckausgaben erhältlich waren, hatte man an seiner Kirchenmusik kein Interesse – konnte es auch kaum haben, da sie zum größten Teil nie kopiert worden war und deshalb gar nicht zur Verfügung stand. «Erst durch die Berliner Aufführung der Matthäus-Passion am 11. März 1829 unter der Leitung Felix Mendelssohn Bartholdys trat Bach auch als Komponist von vokaler Kirchenmusik ins Bewußtsein der Öffentlichkeit. Die Berliner Singakademie, die unter der Leitung von [Carl Friedrich] Zelter das bedeutendste Zentrum der Bach-Pflege in Deutschland geworden war, hatte schon seit 1811 einzelne Teile aus kirchenmusikalischen Großwerken und Kantaten Bachs geprobt; der Schritt an die Öffentlichkeit aber war Zelter von Mendelssohn abgerungen worden. Der Eindruck der Aufführung [...] war überwältigend und vermittelte weiten Kreisen des Musikpublikums und der Gebildeten einen neuen Eindruck von Bach als musikgeschichtlicher Erscheinung» (Werner Breig). In der Tat ist Mendelssohns Bedeutung für die «Wiederentdeckung» Bachs gar nicht hoch genug einzuschätzen, doch sollte man in diesem Zusammenhang auch einmal seine Großtante Sarah Levy (1761–1854) würdigen. Als Tochter des Berliner Bankiers Daniel Itzig erhielt sie Klavierunterricht bei Wilhelm Friedemann und Carl Philipp Emanuel Bach und trug eine unschätzbar wertvolle Sammlung von Bach-Manuskripten zusammen, die schließlich in den Besitz der Singakademie überging. Doch nicht nur Sarah Levy sorgte dafür, dass Felix Mendelssohn schon als Kind von der musikhistorischen Bedeutung Bachs überzeugt wurde – auch sein Vater Abraham Mendelssohn verehrte Bach und ersteigerte 1805 in Hamburg Bach-Handschriften aus dem Nachlass von Carl Philipp Emanuel. Und nicht zuletzt war es Sarah Levys Schwester Bella Salomon, Felix' Großmutter, die ihrem Enkel eine Abschrift der *Matthäus-Passion* schenkte. Die Begeisterung Mendelssohns für Bachs Musik war also keine Einzelerscheinung, sondern eine Familientradition.

Auch in England existierte seit etwa 1770 ein ständig wachsender Kreis von Bach-Liebhabern. Entscheidenden Schwung gewann das «Bach Revival» jedoch erst durch Mendelssohns England-Besuche und die Heirat von Königin Victoria mit dem ebenfalls von Bach faszinierten Prinzen Albert von Sachsen-Coburg-Gotha. Im Hinblick auf den 100. Todestag des Thomaskantors wurde schon 1849 in London die «Bach Society» zur Förderung der Bach-Forschung und Verbreitung seiner Musik gegründet. Ein Jahr später konstituierte sich die deutsche Bach-

Gesellschaft, die zwischen 1851 und 1899 das gesamte bekannte Œuvre in einer kritischen Gesamtausgabe edieren ließ und damit die Grundlage für eine umfassende Beschäftigung mit Bachs Musik schuf. Bereits 1802 hatte Johann Nicolaus Forkel eine Bach-Biographie veröffentlicht; nun folgten mehrere Monographien, darunter das berühmte und für lange Zeit verbindliche zweibändige Werk von Philipp Spitta (*Johann Sebastian Bach*, Leipzig 1873 und 1880).

Hier fehlt der Platz, um die Ausweitung der Bach-Pflege auf alle fünf Kontinente darzustellen. Bachs Popularität ist weltweit noch gestiegen, seit seine Musik dank der Erkenntnisse der historisch orientierten Aufführungspraxis so lebendig klingt, wie man sie sich vor fünfzig Jahren nicht vorstellen konnte. Nicht nur musikalisch, sondern auch weltanschaulich hat der Komponist eine wohltuende Entmythologisierung erfahren. Das klärt den Blick auf das Wesentliche: Was wir an Bach bewundern, ist eine bis ins Letzte perfektionierte Beherrschung des kompositorischen Handwerks in Verbindung mit einer exzeptionellen, mehrdimensionalen musikalischen Vorstellungskraft. Was daraus entsteht, hat seinen Ort innerhalb der Grenzen eines Regelwerks, das die Definition von Kunst überhaupt erst ermöglicht. Im Zentrum des Ganzen steht der Kontrapunkt – die gesetzmäßige, logische und im Erklingen schöne Beziehung mehrerer Stimmen aufeinander. Welche Verknüpfungsmöglichkeiten dieses System bietet, erforschte Bach bis an dessen Grenzen. Dass ihm dabei nicht nur die planende Mathematik für die Lösung kontrapunktischer Aufgaben zur Verfügung stand, sondern auch die Fähigkeit, dabei hinreißende Musik zu schaffen, verdankte er einer kreativen Intelligenz, die man in ihrer Komplexität nur als «Genie» bezeichnen kann.

Es war Bach bewusst, dass die junge Generation sich nicht mehr ausschließlich auf das tradierte Regelwerk bezog, sondern es dem individuellen Ausdruck von Emotionen zumindest zeitweilig unterordnete. Sein Sohn Carl Philipp Emanuel gab mit seinen freien Klavierfantasien das beste Beispiel dafür. Dass er dazu in der Lage war, lässt Rückschlüsse auf die Toleranz seines Vaters zu; auch Johann Sebastian Bach hatte als junger Organist aus der Freiheit des «stylus phantasticus» weitreichende Anregungen gewonnen. Im Alter sah er seine Aufgabe darin, die regelgerechte Kunst auf ihrem Höhepunkt zusammenzufassen, um sie weiterzugeben – sowohl an die lernende Jugend als auch an Musikkenner, die wie Schachspieler die Regeln verinnerlicht haben und aus dem fantasievollen Umgang mit ihnen großen Genuss zu ziehen wissen. Wer die Grenzen kennt, schätzt auch gekonnte kleine Überschreitungen, die nicht ins Chaos führen, sondern die Souveränität des Meisters unter Beweis stellen.

Oft liest man, «der alte Bach» habe die neue Welt der Aufklärungszeit nicht mehr verstanden. Das Gegenteil war der Fall: Deutlicher als viele andere erkannte er, wohin die musikalische Entwicklung ging, reagierte aber weder mit Verbitterung noch mit Rückzug in die Isolation. Mit seinem letzten Schüler Johann Gottfried Müthel holte er sich noch kurz vor seinem Tod einen angehenden Komponisten ins Haus, der bereits um 1750 nach Wegen suchte, um sein individuelles Seelenleben in Musik auszudrücken, und damit ein Vorreiter des musikalischen «Sturm und Drang» wurde. Müthel rühmte später Bachs Herzlichkeit; von Reserviertheit des Thomaskantors gegenüber den Jüngeren ist in keinem einzigen Dokument die Rede. Bach selbst gehörte jedoch einer Generation an, der die Vorstellung von künstlerischer Ich-Bezogenheit fremd war. Er würde sein Lebensziel wohl darin gesehen haben, sein von Gott verliehenes Talent in solche Bahnen zu lenken, dass es dem Nächsten durch Belehrung, sinnreiche Vergnügung und Hinlenkung zum Göttlichen von Nutzen sein konnte. Wo es um das klingende Gotteslob ging, gab er sein Bestes, doch auch weltliche Musik konnte er aus vollem Herzen schreiben, weil ein Violinkonzert auf denselben Gesetzen der harmonischen Proportionen beruht wie ein Choralsatz. Und diese Gesetze, die physikalisch ebenso ewig gültig sind wie das Hebelgesetz, führte Bachs Zeit noch auf Gottes Schöpfungsakt zurück: «Maß, Zahl und Gewicht» (Buch der Weisheit 11, 20) waren die Grundlage der Weltordnung. Sie in der Musik zu finden und nachzuvollziehen, war nicht nur eine Aufgabe für den forschenden Verstand, sondern auch eine Belohnung für unablässige Mühe und Arbeit.

Eine von Johann Friedrich Reichardt 1792 mitgeteilte Geschichte demonstriert sinnfällig, wie Bach sich als Künstler und Lehrer sah. Darin soll der «große Mann» abschließend noch einmal selbst zu Wort kommen:

«Als [Johann Philipp] Kirnberger sich nach Leipzig begab, um unter der Anweisung des großen Sebastian Bach den Contrapunkt zu studiren und rein vierstimmig schreiben zu lernen, so griff er sich so heftig an, daß er ein Fieber bekam und achtzehn Wochen lang die Stube hüten mußte. Er fuhr nichts destoweniger fort, in den guten Stunden, welche ihm das Fieber verstattete, allerhand Themata auszuarbeiten, und da Sebastian diesen außergewöhnlichen Fleiß bemerkte, so erbot er sich zu ihm auf die Stube zu kommen, weil ihm das Ausgehen nachtheilig seyn könnte, und das Hin- und Herschicken der Papiere etwas mühsam war. Als Kirnberger seinem Meister eines Tages zu verstehen gab, daß er nicht im Stande seyn würde, ihm für seine gütigen Bemühungen genug erkenntlich zu seyn, so sagte Bach, der die künftigen Verdienste seines Schülers um die Erhaltung des ächten Satzes ohne Zweifel voraussah, und der die Kunst ihrer selbst wegen und nicht bloß der damit verknüpften Vortheile wegen liebte: ‹Sprechen Sie, mein lieber Kirnberger, nichts von Erkenntlichkeit. Ich freue mich, daß Sie die Kunst der Töne aus dem Grunde studiren wollen, und es wird nur von Ihnen abhängen, so viel wie mir davon bekannt geworden, sich ebenfalls eigen zu machen. Ich verlange nichts von Ihnen, als die Versicherung, daß Sie dieses Wenige zu seiner Zeit wieder auf andere gute Subjecte fortpflanzen wollen, die sich nicht mit dem gewöhnlichen Lirumlarum begnügen.›»

Glossar

zum Zitat «fleissig getrieben ... wegen der Music gemacht» (S. 11 f.):
  Violone: barocke Bauform des Kontrabasses
  Clavizimbel: Cembalo
  Zitrinchen: kleines Zupfinstrument mit Metallsaiten
  Auszüge: Orgelregister (die zum Spielen «gezogen» werden)
  Lindemanni, Altenburg usw.: bedeutende Thüringer Musikerfamilien
accompagnieren, Accompagnement: vom Cembalisten improvisierte Begleitung zur notierten Basso continuo-Stimme
Affekt: Gemütsbewegung, die durch Text oder Zweck eines Musikstückes vorgegeben ist und durch Anwendung bestimmter Stilmittel (z. B. Trompetenfanfaren als Symbol festlicher Freude) zum Ausdruck gebracht wird
Bassetgen: tiefes Streichinstrument zwischen Violoncello und Kontrabass
Basso continuo: instrumentale Fundamentstimme in der Barockmusik
Choralfantasie: Bearbeitung eines Kirchenliedes (für Orgel), wobei die einzelnen Liedzeilen mehrfach und in verschiedenen Satztechniken durchgeführt werden
Choralpartita -> Partita
Chromatik: Verwendung von Halbtonschritten als Ausdrucksmittel
Clavichord: Tasteninstrument, bei dem die Saiten von einem Metallplättchen angeschlagen werden
Continuo -> Basso continuo
Figuralmusik: Kirchenmusik, die über das Singen einfacher Choralmelodien hinausgeht
Generalbass -> Basso continuo
homophon, Homophonie: musikalischer Satz in Akkorden, bei dem alle Stimmen rhythmisch gleich oder fast gleich verlaufen
Konsistorium: Kollegium, das im Auftrag des Landesherren das Kirchenregiment führt
Kontrapunkt: seit dem Mittelalter entwickeltes Regelwerk des musikalischen Satzes mit zwei und mehr Stimmen
Kurrende: Schülerchor, der singend durch die Straßen zog und dabei Spenden sammelte
Lautenwerk: Cembalo mit Darmsaiten, das den Klang der Laute imitiert
Libretto: Textgrundlage einer Oper, eines Oratoriums oder einer Kantate; auch das gedruckte Textbuch

madrigalische Texte: Dichtung in freien Formen, variierend in Länge, Struktur und Reimschema

Manual: mit den Händen gespielte Klaviatur eines Tasteninstruments

obligat: vom Komponisten vorgeschrieben

Orgelchoral: Bearbeitung eines Kirchenliedes mit einfacher Durchführung der Melodie in wenig oder nicht veränderter Form

Orgelpositiv: kleine, transportable Orgel

Parodie: Umformung eines Tonsatzes zu einem neuen Werk durch Textänderung

Partita, Choralpartita: Folge von Variationen (über ein Kirchenlied)

Pedal: Orgeltastatur, die mit den Füßen gespielt wird

Pianoforte: Tasteninstrument mit Hammermechanik, das laut und leise gespielt werden kann; Vorläufer des modernen Klaviers

polyphon, Polyphonie: Satz mit melodisch und rhythmisch eigenständigen Stimmen, die zusammen ein harmonisches Gefüge bilden

Quodlibet: Komposition, in der mehrere bekannte Melodien kombiniert werden, meistens als musikalischer Scherz gedacht

Register: Einzelstimme in der Orgel, d. h. Reihe (Tonleiter) von gleichartigen Pfeifen

Ritornellform: typische Satzform im Instrumentalkonzert des 18. Jh.s, bei der Ritornell (Tutti-Abschnitt, Orchester) und Solopassagen abwechseln

Scholarchat: kirchliche Schulbehörde

Tabulatur: Musikaufzeichnung in Zahlen- und/oder Buchstabenform, Griffschrift

temperierte Stimmung: Nicht alle akustisch reinen, auf ganzzahlige Teilungen zurückgehenden Intervalle (1:2 = Oktave, 2:3 = Quinte usw.) sind musikalisch zu gebrauchen. «Temperatur» ist die Regelung der praktisch nötigen Abweichungen von den reinen Intervallen. Im Gegensatz zur älteren Mitteltönigkeit (einige Tonarten klingen sehr gut, andere können nicht verwendet werden) ermöglicht die «temperierte», d. h. ausgeglichene Stimmung das Spiel in allen Tonarten. Dabei sind jedoch nicht alle Halbtonintervalle völlig gleich, so dass jede Tonart eine eigene Charakteristik besitzt.

Toccata: von ital. *toccare* = (die Tasten) schlagen; Werk für Tasteninstrument, in dem improvisatorisch freie und fugenartige Abschnitte miteinander abwechseln

Unisono: Erklingen von Stimmen (vokal, instrumental) im Einklang bzw. in Oktaven

Zink: Blasinstrument aus Holz mit Grifflöchern und Kesselmundstück

Bibliographie (Auswahl)

Dokumente mit Bezug auf Johann Sebastian Bach sind ediert und kommentiert in: *Bach-Dokumente*, hg. vom Bach-Archiv Leipzig, Bd. I-V, Leipzig 1963–2005, darunter der Nachruf (Bd. III, S. 666 ff.) und die Genealogie «Ursprung der musicalisch-Bachischen Familie» (Bd. I, S. 255–267). Wichtigstes Publikationsorgan der Bach-Forschung ist das seit 1904 erscheinende *Bach-Jahrbuch*. Eine ausführliche Bibliographie enthält auch der Beitrag «Bach, Johann Sebastian» von Werner Breig in der Enzyklopädie *Die Musik in Geschichte und Gegenwart*, 2., neubearbeitete Ausgabe, hg. von Ludwig Finscher. Personenteil Bd. 1, Kassel, Basel usw. 1999, Sp. 1397–1535.

Forchert, Arno: *Johann Sebastian Bach und seine Zeit.* Laaber Verlag, Laaber 2000

Geck, Martin: *Bach. Leben und Werk.* rororo-Sachbuch, Reinbek bei Hamburg 2001

Glöckner, Andreas (Hg.): *Kalendarium zur Lebensgeschichte Johann Sebastian Bachs*, erw. Neuausgabe, Carus-Verlag Stuttgart/Evangelische Verlagsanstalt Leipzig, 2008

Petzoldt, Martin: *Bachstätten. Ein Reiseführer zu Johann Sebastian Bach.* insel taschenbuch 2520, Insel Verlag Frankfurt am Main und Leipzig 2000.

Wolff, Christoph: *Johann Sebastian Bach.* Fischer Taschenbuch Verlag, Frankfurt am Main, 2. Aufl. 2005.

Wolff, Christoph und Zepf, Marcus: *Die Orgeln J. S. Bachs. Ein Handbuch*, Carus Verlag Stuttgart/Evangelische Verlagsanstalt Leipzig, 2. Aufl. 2008

Johann Sebastian Bachs Kinder

aus erster Ehe mit Maria Barbara Bach
(20.10.1684 – begr. 7.7.1720)

Catharina Dorothea	29.12.1708 (T)–14.1.1774
Wilhelm Friedemann	22.11.1710–1.7.1784
Maria Sophia + Zwillingsbruder	23.2.1713–15.3.1713 (B)
Johann Christoph	23.2.1713 geb./gest.
Carl Philipp Emanuel	8.3.1714–14.12.1788
Johann Gottfried Bernhard	11.5.1715–27.5.1739
Leopold August	15.11.1718–28.9.1719 (B)

aus zweiter Ehe mit Anna Magdalena, geb. Wilcken
(22.9.1701 – begr. 29.2.1760)

Christiana Sophia Henrietta	Frühjahr 1723–29.6.1726
Gottfried Heinrich	26.2.1724–12.2.1763
Christian Gottlieb	14.4.1725 (T)–21.9.1728
Elisabeth Juliana Friederica	5.4.1726 (T)–24.8.1781
Ernst Andreas	30.10.1727 (T)–1.11.1727
Regina Johanna	10.10.1728 (T)–25.4.1733
Christiana Benedicta	1.1.1730 (T)–4.1.1730
Christiana Dorothea	18.3.1731 (T)–31.8.1732
Johann Christoph Friedrich	21.6.1732–26.1.1795
Johann August Abraham	5.11.1733 (T)–6.11.1733
Johann Christian	5.9.1735–1.1.1782
Johanna Carolina	30.10.1737 (T)–18.8 1781
Regina Susanna	22.2.1742 (T)–14.12.1809

Daten sind Geburts- und Sterbedaten, wenn nicht anders angegeben.
(T) = Taufdatum
(B) = Begräbnis
Fettdruck: Bach-Söhne, die bedeutende Komponisten wurden.

Register